Comprendre le monde qui vient

212, rue Saint-Martin, 75003 Paris
www.esprit.presse.fr

Rédaction : 01 48 04 92 90 - redaction@esprit.presse.fr
Ventes et abonnements : 03 80 48 95 45 - abonnement@esprit.presse.fr

Fondée en 1932 par Emmanuel Mounier

À plusieurs voix

Le populisme en débat

Varia

Cultures

PASSER LE TÉMOIN...

Passer le témoin d'*Esprit* à une nouvelle équipe en ce début de l'année 2020, alors que le coronavirus ravage l'Europe, est étrange. Mais le calendrier, tragique soit-il, en a décidé ainsi... alors passons-le ! C'est avant tout pour moi une invitation à évoquer une aventure au long cours et à rendre hommage à ceux qui m'ont précédé à la direction de cette revue créée en 1932, Emmanuel Mounier le fondateur puis Albert Béguin, Jean-Marie Domenach et Paul Thibaud. 1932 ! Combien de siècles sont passés depuis...

Comment ne pas penser aujourd'hui à ceux qui m'ont fait confiance dès le départ et incité à rejoindre la revue, je pense particulièrement à Luce Giard et à Michel de Certeau. Et il y a bien sûr la galaxie de ceux qui ne sont plus là et avec lesquels se sont nouées des amitiés et des fidélités. Qu'on me permette de citer quelques-uns d'entre eux : de Mohammed Khaïr-Eddine à Daniel Lindenberg, de Michel Seurat à Marcel Hénaff, de Serge Daney à Claude Lefort, de Pierre Vidal-Naquet à Alex Derczanski, de Pierre Hassner à Germaine Tillion et Paul Ricœur, ils sont toujours là... Et il y a le beau souvenir du numéro consacré, en juin 1980, à Hannah Arendt, cette grande dame qui répétait à satiété qu'il ne faut pas confondre l'actualité avec l'événement, celui-ci étant l'un de ces moments rares et singuliers qui donnent à penser. Bien sûr, je nomme là quelques absents, pour ne pas avoir à saluer tous les « présents » avec lesquels j'ai partagé la mise en scène de ce petit théâtre souvent un peu bruyant qu'est la revue *Esprit*.

Passer le témoin à l'équipe réunie autour d'Anne-Lorraine Bujon, qui a compris que la revue est à la fois une rédaction et une entreprise économique ne vivant pas de subventions miraculeuses, ce n'est pas tourner la page comme si rien ne s'était passé, comme si la revue était une belle réussite académique en mal d'immortalité, une affaire qui roule… Bien au contraire, le paysage intellectuel que j'ai connu a radicalement changé : dans les années 1970, une revue « instituait » des liens entre la presse et l'édition, entre des journalistes et des producteurs de livres (les collections *Esprit* existaient encore au Seuil), les uns et les autres se retrouvant fréquemment rue Jacob dans le cadre du « Journal à plusieurs voix », alors animé par Casamayor, où les envolées d'Alfred Simon ne troublaient guère le sphinx Alain Cuny. La revue faisait alors office de médiation entre les gens du livre et les gens du quotidien, et elle se préoccupait de la formation à l'écriture des jeunes auteurs dans un univers indépendant. Aujourd'hui, chacun est plus ou moins pris en otage dans sa bulle et ballotté dans un espace culturel dont la rythmique est celle des réseaux sociaux avec leurs vertus et leurs vices, leurs alertes et leurs harcèlements.

Mais la force de la revue reste son indépendance. Indépendante financièrement, la revue *Esprit* l'est toujours – à la différence du journal *Le Monde* ou des éditions du Seuil qui ont été créés après la Seconde Guerre mondiale par des proches de Mounier. Il n'est pas inutile de le souligner, à un moment où la prise de possession d'organes de presse par de grandes fortunes personnelles, par des mécènes de la mode, du luxe ou d'Internet soulève des inquiétudes légitimes sur l'avenir des médias. Indépendante financièrement, la revue l'est aussi politiquement. Elle n'a jamais appelé à voter pour qui que ce soit, mais alerté sur des tragédies humaines, sur des pouvoirs qui brutalisent l'humanité, et opté pour des *« causes imparfaites »* pour reprendre l'expression de Paul-Louis Landsberg[1]. Et elle a soutenu et soutient toujours tel ou tel de ces mouvements avides de paroles libres qui forment une chaîne humaine à l'échelle des décennies. Cela depuis la Charte 77 rédigée à Prague par Václav Havel et Jan Patočka – dont la Charte 08 en Chine fut une chambre d'écho avant que ne survienne le mouvement hongkongais de désobéissance civile – jusqu'aux printemps arabes depuis 2011 ; ceux-là mêmes qui ont été un peu trop vite enterrés

1 - Voir le texte publié sur le site de la revue, « Paul-Louis Landsberg : éloge de la personne imparfaite ».

avant de retrouver un nouveau souffle à Alger depuis 2020, sans parler de soulèvements ailleurs au Chili, en Irak, au Soudan…

Bref, le monde s'est définitivement mondialisé, et parler de « démondialisation » revient une fois de plus à oublier que l'économie, qu'elle soit ouverte ou fermée, est sous-tendue par la politique, dans le double sens du contrat social et des maux du pouvoir. La violence n'a cessé de nous poursuivre, et avec elle toutes les diableries dont Boulgakov fait le récit dans *Le Maître et Marguerite*, depuis la guerre du Liban (1975-1990) jusqu'aux journées infernales d'Alep hier et d'Idlib aujourd'hui. Les crimes du XXe siècle n'ont jamais laissé croire, en tout cas dans ces colonnes, au « nouvel ordre démocratique mondial » prophétisé après la chute du mur de Berlin en 1989 et aux rêves de la démocratie par le marché.

Nous ne sommes cependant plus à la recherche d'une troisième voie, mais à l'épreuve du chaotique, des régimes déstabilisateurs et des virus qui se propagent à la vitesse d'une urbanisation mondiale devenue incontrôlable. La modernité, éprise d'une technique sans mémoire car obsédée par sa seule progression, oscille sur ses bases entre un futurisme scientiste post-humaniste et un regard inquiet sur l'arrière comme celui de l'ange de l'histoire de Walter Benjamin. Ce qui oblige à prendre au sérieux des temporalités multiples, à commencer par celle de l'anthropocène. Le dernier ouvrage de François Hartog[2], lui qui s'est attelé à examiner les faiblesses du « présentisme », le démontre avec force et prend ses distances avec la vulgate de la modernité « éclairée » et « fraternelle » à laquelle nombre d'entre nous veulent encore croire. La crise de la « représentation politique » n'est pas un mauvais moment à passer, une affaire passagère, elle est indissociable d'une « crise de la représentation historique » affectant des nations européennes qui ne sont pacifiées qu'en apparence. Historiens, lieux de mémoire et patrimoines en tous genres ne manquent pas, on se contente pourtant d'une rhétorique post-moderne et d'une avalanche de petits récits identitaires qui n'aident guère à trouver les sentes de la solidarité. Dans un film récent, *Alice et le Maire*, de Nicolas Pariser, un homme politique dépressif demande à une jeune intellectuelle de le remettre sur le terrain de la pensée, de lui donner des envies de réfléchir. Mais ce « coaching conceptuel », cette demande

2 - François Hartog, *Chronos. L'Occident aux prises avec le temps*, Gallimard, à paraître en mai 2020.

d'intelligence ne vaut pas que pour les politiques, désavoués et désabusés comme jamais, cela vaut aussi pour ceux qui, académiques, universitaires ou non, ne pensent plus qu'à travers des chiffres, des théorèmes, des sondages ou bien des « clichés ».

Je m'arrête là, ce n'est pas à moi de dessiner des scénarios et des lignes d'horizon que les amis lecteurs trouvent et trouveront tous les mois grâce à de nouvelles plumes. Plus que jamais, *Esprit* doit intervenir comme une médiation alors que la révolution technique voudrait imposer la désintermédiation, une « réalité augmentée » dont l'éditeur milanais Roberto Calasso montre dans *L'innommable actuel* (Gallimard, 2019) qu'elle est avant tout une « réalité restreinte », tant elle est inapte à élargir les angles de vision et les perspectives. Parallèlement, la vie politique prend des allures de combat frontal entre le haut et le bas qui ne favorise guère le respect des institutions médiatrices auxquelles on imagine un peu vite de se soustraire tant du côté du haut, de l'État, que du côté du bas, des bases en colère.

Loin d'être grabataire en raison de son grand âge, *Esprit* doit encore réinventer une Renaissance comme le voulait déjà Mounier dans un univers où le combat écologique rime avant tout avec la prise de conscience de nos fragilités et de la finitude humaine. Quoi de mieux alors que de suivre Ricœur quand il invite à respecter *« les promesses non tenues de l'histoire »*. *Esprit* aime les jeunes plumes, rien n'interdit cependant de revaloriser des auteurs plus que contemporains (pour Italo Calvino, un classique est un auteur qui demeure un contemporain à toutes les époques) qui ont marqué l'histoire de la revue : Ivan Illich, qu'*Esprit* a fait connaître, en est un bel exemple. Rien n'empêche non plus de mettre en avant des penseurs issus de pays émergents comme Appadurai, Chakrabarty, Mbembe…, ils comprennent peut-être mieux que nous une misère du monde que ne résume pas la seule misère de l'économie. Et rien n'interdit de puiser de l'énergie chez les écrivains des autres mondes pour répondre avec eux au désenchantement démocratique « mondial » qui a été si bien « écrit » par Roberto Bolaño. Dans cette optique, *Esprit* doit renouer avec l'esprit des mouvements d'éducation populaire, ceux qu'il a accompagnés dans l'après-guerre et qui ont été marqués par des figures pleines d'imagination comme André Bazin et Chris Marker, des hommes

Seul un désir de médiation peut empêcher que s'impose la coupure brutale entre le haut et le bas.

d'images qui aimaient les textes. Là encore, seul un désir de médiation peut empêcher que s'impose la coupure brutale entre le haut et le bas, alors même que se durcissent les populismes, que se ferment les identités et que l'étranger est vu comme la cause de l'affaissement d'un vivre-ensemble qui ne peut en réalité s'en prendre qu'à lui-même. Le drame syrien de 2015 va-t-il se répéter en 2020, alors qu'Erdoğan envoie des migrants se jeter contre les grillages de la frontière entre la Turquie et la Grèce ? Contre le cynisme des nouveaux maîtres du monde qui s'affirme partout, *Esprit* a plus que jamais « son » rôle ou plutôt bien des rôles à jouer.

Un dernier mot pour évoquer une lecture récente et partager une rencontre, l'une et l'autre témoignant du respect que l'on peut porter à cette revue. Un livre récent, *Les Services compétents* (P.O.L, 2020) de Iegor Gran, le fils du dissident russe André Siniavski, revient sur l'envoi, en 1959, par son père d'un texte qui devait échapper à la censure soviétique pour arriver sur le bureau de J.-M. Domenach à *Esprit*. C'est drôle, décapant et tout à l'honneur de la revue. Par ailleurs, j'ai rencontré récemment à Rabat un lecteur qui m'a raconté ce qui le liait à *Esprit* : condamné à l'isolement dans un bagne inhumain pendant des années par Hassan II, il eut comme seuls compagnons de cellule les numéros de la revue *Esprit* à laquelle un ami français l'avait abonné. Ce qui fait dire à cet ancien maoïste longtemps emprisonné qu'*Esprit,* ce compagnon vigilant, lui avait appris à respecter la démocratie… si formelle soit-elle, devait-il ajouter ! L'émotion fut plus que partagée. C'était le plus bel éloge de la revue que je pouvais entendre. Mais il y en aura d'autres.

Olivier Mongin,
12 mars 2020

PRENDRE LE RELAIS

Difficile en effet, comme l'écrit Olivier Mongin, d'imaginer moment plus étrange pour évoquer avec nos lecteurs les changements d'organisation qui occupent *Esprit* depuis quelques mois. Plongés, avec la propagation mondiale de l'épidémie de coronavirus, dans une réalité nouvelle et imprévue, dont il est impossible de prendre encore la pleine mesure – existentielle, sociale, économique et politique – nous voici à présent physiquement isolés, chacun chez soi, virtuellement reliés par écrans et claviers interposés.

Tous les directeurs d'*Esprit* ont rappelé l'importance de l'événement pour cette revue, dont le projet est toujours resté, dans les mots d'Albert Béguin lorsqu'il est appelé à continuer en 1950 l'aventure engagée par Emmanuel Mounier, *« l'invention de mois en mois d'une réponse neuve à l'événement neuf »*. Le brouillage de nos repères et le sentiment de désorientation qui résulte de *« l'événement neuf »* ces jours-ci sont si flagrants, qu'il nous faudra à l'évidence mobiliser toutes les ressources imaginables, de la pensée comme de l'expérience, pour essayer d'en appréhender quelque peu le sens.

Dans ces circonstances, notre revue se doit de répondre une nouvelle fois à l'appel, précisément parce qu'elle a su par le passé se réinventer à plusieurs reprises, assurant la relève des générations dans la fidélité à un certain nombre de valeurs et d'aspirations, mais aussi à une méthode de travail et à un style d'intervention. Il ne s'agit pas pour *Esprit* aujourd'hui de prendre un nouveau départ, encore moins d'entreprendre une rupture, mais plutôt de confirmer un mouvement amorcé il y a quatre ans, lorsqu'une petite équipe soudée autour d'Antoine Garapon et Jean-Louis Schlegel s'est attelée, à la demande d'Olivier Mongin, à la redéfinition de ses orientations de travail et de son identité, dans un environnement intellectuel, mais aussi économique et technique, profondément transformé.

Arrivée à la revue à ce moment charnière, un quart de siècle après l'avoir fréquentée dans mes années d'études grâce à Marc-Olivier Padis – je garde le souvenir très vif d'y avoir découvert la pensée limpide de Pierre Hassner et celle d'Olivier Roy – j'ai ressenti alors combien le caractère d'*Esprit* tenait à sa personnalité collective, non pas dans un esprit de chapelle et encore moins de parti, mais plutôt dans l'intérêt partagé pour une forme de pensée en commun. Une pensée qui n'exclut ni les débats ni les désaccords, bien au contraire, mais fait le pari du respect mutuel et du pluralisme.

Le caractère d'*Esprit* tient à sa personnalité collective, dans l'intérêt partagé pour une forme de pensée en commun.

Nous étions en 2015 dans une autre urgence, celle des attentats terroristes, et la question de la violence et du mal se reposait avec force, invitant à renouveler nos cadres de pensée. Tandis que Jonathan Chalier et moi prenions nos marques, les premiers numéros qui ont suivi, conçus très vite grâce à l'implication des membres du conseil de rédaction – *Violences sans fin*, *Les religions dans l'arène publique*, puis *Colères* – témoignaient je crois de l'accord trouvé spontanément pour se saisir à nouveaux frais de questions anciennes, permanentes, de la revue, mais exigeant sans cesse des *« réponses neuves »*. Comme si, pour donner raison encore à Albert Béguin, *«* Esprit *était devenu une personne, faite de la tension des personnes vivantes qui s'y trouvent associées »*.

Les événements et les numéros qui se sont succédé depuis lors ont prolongé ces intuitions. Nous nous accordons sur le sentiment d'une fin de cycle, le constat d'un épuisement historique, sans que les échecs de la mondialisation libérale, patents depuis 2008 au moins, ne parviennent à nous faire entrer dans un cycle différent. Trop d'inégalités et trop de déprédations de la nature ; une concentration de pouvoir aux mains de grandes entreprises que les États démocratiques ont laissé se développer comme des puissances concurrentes, tandis que de nombreux régimes autoritaires manient parfaitement l'alliance entre capitalisme et politiques sécuritaires ; une fuite en avant dans des systèmes techniques qui entretiennent l'illusion d'un monde fluide, sans frictions.

Dans le même temps, les discours de résistance à l'idéologie néolibérale manquent souvent leur cible, en ayant recours à des grilles de lecture en partie obsolètes – à quand une compréhension renouvelée du travail ? – et en se trompant trop souvent sur les formes de l'aliénation contemporaine, que l'épidémie aujourd'hui met à nu : le besoin de sécurité et de confort, le refus de faire une place à la souffrance et à la mort ; la crispation identitaire et le besoin de se replier dans une tribu ; un langage des chiffres qui escamote la profondeur des relations et des conflits, qui ne dit pas le réel et nie l'importance du jugement. Nombre de ces discours conduisent à désigner des ennemis faciles ou des boucs émissaires, laissant libre cours au ressentiment et à la violence. Nombre de ces discours encore manquent terriblement de perspective globale, de réflexion sur ce qui se passe en Amérique du Sud, en Chine, en Inde et ailleurs.

Dans cet effort pour retrouver le monde, quel peut être le rôle d'une revue comme *Esprit* ? Il lui faut aujourd'hui s'insérer dans un espace public dont les coordonnées ont changé : l'information, l'échange d'arguments, le débat, pour autant qu'il soit encore possible, se sont déplacés sur les réseaux sociaux, pour le meilleur et pour le pire. Le plan de transformation numérique auquel s'est attelée la nouvelle rédaction, renforcée depuis octobre 2017 par l'arrivée d'Édouard Chignardet comme responsable de la communication, n'était donc pas une simple affaire de tuyaux : l'enjeu pour *Esprit* est de continuer à proposer une « ligne de réflexion », comme elle l'a toujours fait, mais dans des formes plus actuelles, adaptées à de nouveaux usages de lecture et d'écriture. Désormais, la plateforme numérique existe à côté et en complément des numéros mensuels. Elle permet de diffuser ces derniers dans leur intégralité, mais aussi de parcourir le fonds d'archives depuis 1932, et de faire dialoguer les textes les plus significatifs d'hier avec les remous du présent.

À présent que cette relance de la revue est engagée, et que l'adhésion de nouveaux abonnés vient conforter ces choix et consolider notre assise économique, nous pouvons songer aux prochaines étapes. L'assemblée générale des actionnaires d'*Esprit* a bien voulu, sur la proposition d'Olivier Mongin, me confier la direction de la revue. Un conseil de surveillance a également été nommé, présidé par Fabrice Demarigny, qui veillera à préserver l'indépendance financière de l'entreprise *Esprit*. Il travaille déjà à un nouveau projet d'actionnariat qui permettra d'associer les amis et auteurs qui le souhaitent à sa gouvernance. L'équipe de permanents va également s'agrandir, avec l'arrivée d'Anne Dujin, dont nos lecteurs commencent à reconnaître la plume, comme rédactrice en chef. Ce numéro d'avril est enfin l'occasion d'accueillir un nouveau comité de rédaction, rajeuni, féminisé et renouvelé, pour nous aider à penser les numéros à venir.

Fidélité et imagination : le passage de relais qui a lieu aujourd'hui reconduit d'autres chapitres de notre histoire. *Esprit* continue d'affirmer ce qui a toujours fait son identité intellectuelle et politique, le rôle de la raison critique et l'importance de la personne, de sa liberté et de sa dignité, dans le cadre d'une société de droit, ouverte et démocratique. Mais elle entend revenir aussi à des modes d'expression plus narratifs, plus sensibles, à un effort patient de lecture, d'invention et de transformation du réel. Nous voulons renouveler le pari des perspectives croisées de la philosophie, des sciences humaines et sociales, de la littérature et du cinéma, de la réflexion et du récit, pour comprendre le monde qui vient. Et nous sommes heureux de pouvoir le faire, aujourd'hui comme hier, avec et pour nos lecteurs.

Anne-Lorraine Bujon,
12 mars 2020

À PLUSIEURS VOIX

DUBLINÉ

Marie-Pascale Mignon

Adama est « dubliné ». Cela signifie qu'il est soumis à la procédure résultant des accords de Dublin, qui contraint les migrants à demander l'asile dans le premier pays d'Europe où ils ont posé le pied. Jusqu'à l'an dernier, les arrivées en France se faisaient majoritairement par l'Italie, mais la route migratoire qui passait par la Libye s'est refermée sur des milliers de morts. Désormais, c'est le Maroc qui est devenu la porte d'entrée en Europe des exilés africains. Et l'Espagne a le douteux privilège d'être pour eux « le pays de premier accueil », celui où ils sont tenus de faire leur demande d'asile.

Lorsqu'Adama a son rendez-vous à la préfecture de Seine-Saint-Denis, le 13 décembre 2018, après avoir passé plusieurs semaines à appeler quotidiennement le « numéro unique des demandeurs d'asile », on relève ses empreintes digitales. Aussitôt, le fichier Eurodac les reconnaît et les localise à Madrid, dénonçant le passage d'Adama au début du mois de novembre. La mécanique européenne se met en marche : Adama est gratifié d'une attestation de demande d'asile – son premier titre de séjour – spécifiant « Procédure Dublin » et on lui explique… qu'il n'a pas le droit de faire cette demande d'asile pendant un délai de six mois, dont l'« arrêté de transfert » qu'il va recevoir prochainement lui indiquera le début et la fin. Adama, qui est Malien et a une bonne connaissance du français, comme beaucoup de compatriotes dans son cas, comprend à peu près les nouvelles complications auxquelles il doit faire face. Cinq mois plus tard, lorsqu'il se présente pour le deuxième renouvellement de son attestation, la préfecture lui notifie sa « décision de transfert », un document qu'elle lui remet en main propre, assorti de sa signature.

Entre temps, des tractations désormais routinières ont eu lieu. Saisie par la France – en l'occurrence, la préfecture du 93 – d'une demande de prise en charge après le passage d'Adama, l'Espagne n'a pas répondu, ce qui, au terme d'un certain « délai de saisine », équivaut à un accord implicite. La date de cet accord est l'information essentielle fournie par l'arrêté de transfert, car elle constitue le point de départ du délai de six mois pendant lequel Adama est tenu d'aller voir ailleurs. La France attend en effet de lui qu'il retourne de son plein gré en Espagne pour y exercer son droit d'asile. Dans le cas très probable où Adama s'obstinerait à rester en France, pour des motifs aussi administrativement inacceptables que le fait qu'il ne comprend pas un mot d'espagnol, ne connaît rien de l'Espagne et que son bref passage dans ce pays n'avait aucune autre raison que la situation géographique de celui-ci, d'efficaces mesures vont être prises en vue de son « transfert », également appelé « réadmission », au-delà des Pyrénées.

Le voilà donc en possession de ce document fatidique qui, sur trois pages et pas moins de vingt-cinq articles introduits par *« Vu… »* et *« Considérant… »*, invoque la Convention européenne de sauvegarde des droits de l'homme et des libertés fondamentales, le règlement (UE) n° 604/2013 du Parlement européen et du Conseil, le règlement (UE) n° 1560/2003 de la Commission, le Code d'entrée et du séjour des étrangers et du droit d'asile, puis expose les différents motifs pour lesquels *« après un examen attentif de sa situation »*, la décision de renvoyer l'intéressé en Espagne ne porte pas *« atteinte disproportionnée »* à ses droits. Pour aboutir aux décisions stipulant : Article 1, que M. Adama D. est remis aux autorités espagnoles responsables de sa demande d'asile ; Article 2, qu'il dispose d'un délai d'un mois pour quitter volontairement le territoire français et qu'au-delà, la décision fera l'objet d'une exécution d'office ; Article 3, que le présent arrêté peut être exécuté d'office et que le transfert de M. Adama D. vers le territoire de l'État membre responsable de sa demande d'asile doit avoir lieu dans les six mois suivant l'accord des autorités espagnoles et que ce délai peut être porté à douze mois en cas d'emprisonnement et à dix-huit mois en cas de fuite.

Concrètement, pour Adama, qui s'est bien sûr fait aider pour débusquer dans le huitième article de l'arrêté la date fixant son avenir, c'est le 28 février 2019 que l'Espagne a accepté *« par un accord implicite sa prise en charge pour l'examen de sa demande d'asile »*. 28 février plus six mois : si tout se passe bien, Adama pourra le 29 août 2019 se présenter à la préfecture de Bobigny pour faire valoir l'expiration du délai de Dublin et demander qu'on lui remette un récépissé de demande d'asile en procédure normale, et le dossier qu'il devra – dans un délai de vingt et un jours – remplir et envoyer à l'Office français de protection des réfugiés et apatrides (Ofpra).

Dans le grand jeu de l'oie de la demande d'asile, c'est en arrivant sur les cases « rendez-vous à la préfecture » que le joueur est confronté aux pires incertitudes.

Mais Adama est optimiste. On est en avril, deux mois se sont déjà écoulés depuis le début du délai, il ne reste plus que quatre mois à tenir, et le prochain rendez-vous fixé par la préfecture est dans un mois, le 20 mai. Dans le grand jeu de l'oie de la demande d'asile, c'est en arrivant sur les cases « rendez-vous à la préfecture » que le joueur est confronté aux pires incertitudes. En effet, l'alternative qui se présente à lui est la suivante. Soit il y va, et il est dûment prévenu du risque qu'il encourt par le libellé de sa convocation : *« procédure Dublin – mise en œuvre du transfert vers l'État membre responsable de votre demande d'asile »*. Pour préciser encore la menace, la date et l'heure de la convocation sont précédées de la mention : *« Lors de cette convocation, vous êtes susceptible d'être placé en rétention et reconduit dans le pays européen qui a accepté de vous réadmettre. »* Certaines convocations demandent même à l'intéressé de se munir de ses bagages et des documents de voyage en sa possession ! Soit, paralysé par la frayeur, il n'y va pas et, là encore, il est clairement averti de la sanction : *« Si vous ne vous présentez pas à la préfecture, vous serez considéré en fuite et conformément à l'article 92-2 du règlement CE* [etc.]*, une demande de prolongation de réadmission sera faite et le délai de transfert sera porté à dix-huit mois. »* Avant la nouvelle loi asile et immigration, le demandeur d'asile était déclaré en fuite après deux rendez-vous manqués ; aujourd'hui, une seule absence suffit pour être déclaré hors-la-loi, coupable de s'être dérobé aux réquisitions de la préfecture. La sanction est très lourde : vient s'ajouter aux six mois de délai initial une année de non-droit, pendant laquelle l'allocation de demandeur d'asile (Ada) est supprimée et, pour ceux qui ont eu le privilège d'être logés dans un Centre d'accueil pour demandeurs d'asile (Cada), il peut être mis fin à cet hébergement : sans argent, sans domicile, sans droits, les demandeurs d'asile doivent errer pendant dix-huit mois dans le néant social et administratif comme les âmes des défunts sur les rives du Styx.

Adama a prudemment choisi de tenter sa chance. Il s'est rendu à tous les rendez-vous, en mai, en juin, en juillet – à chaque fois, il a fait la queue depuis l'aube pour signer une feuille de présence et repartir avec une nouvelle convocation – si bien qu'il a cru jusqu'au dernier moment qu'il ferait partie des quelque 80 % qui passent à travers les mailles du filet…

Mais huit jours avant l'expiration du délai, à la préfecture, voilà qu'on le fait passer derrière les guichets et qu'on lui annonce qu'il part l'après-midi même pour Madrid, muni d'un laissez-passer délivré par le ministère de l'Intérieur. Le même jour, Adama est transporté à Orly, escorté dans un avion par deux agents de la police des frontières et « réadmis » à la fin de l'après-midi à Madrid !

Il fait de son bref séjour en Espagne le récit suivant : *« Quand j'arrive à l'aéroport, on me dit de passer à un guichet et de montrer le laissez-passer. Le policier espagnol le prend, regarde sur son ordinateur et me dit que je peux y aller – enfin, je ne comprends pas l'espagnol, mais je comprends que c'est ça qu'il me dit. Alors j'y vais, mais je ne sais pas où aller et je n'ai pas d'argent. Je tourne dans l'aéroport et finalement, un Guinéen comme moi, me dit de prendre un bus pour un endroit dans la ville où il y a beaucoup d'Africains, me montre d'où il part et me donne l'argent pour le ticket. J'arrive dans une sorte de foyer où les gens dorment partout, dans les chambres, dans les cours. Des compatriotes me font manger avec eux, me disent que ce n'est pas la peine d'aller voir la Croix-Rouge, qu'il faut se débrouiller… J'ai dormi avec eux deux nuits et ils m'ont dit où aller prendre le bus pour Irun, à la frontière, et ensuite de prendre un autre bus pour Paris. Tout le monde a cotisé un peu pour que je puisse repartir.* »

Quand Adama est descendu du bus à Irun, la police des frontières l'a intercepté et l'a placé en garde à vue au commissariat. Elle lui a demandé de signer un document en deux exemplaires, dont un qui allait lui être remis, avec les armes du Ministerio del Interior et l'insigne du Comisaria de Irun – B. de Extranjeria y Fronteras. Il a signé et il est parti prendre le bus qui l'a débarqué à Paris le jour suivant. C'est ainsi que s'est déroulée la brève « réadmission » d'Adama dans l'État membre de l'Union européenne qui, aux termes du règlement Dublin III, était responsable de l'examen de sa demande de protection internationale : l'Espagne, qu'il a quittée après deux jours d'errance, pendant lesquels la seule prise en charge dont il a bénéficié a résulté de la solidarité exemplaire… des migrants entre eux.

Quant à la décision qui lui a été formellement notifiée à la frontière, c'est une obligation de quitter le territoire espagnol dans un délai de quarante-huit heures, avec interdiction de retour sur le même territoire pour une période de trois ans… Voilà comment s'exerce la coopération européenne pour l'exercice du droit d'asile conformément la Convention de Genève.

LE GRAND PARIS DES GRANDS PARIAS ?

Maxime De Blasi

Au lendemain des municipales en Île-de-France, ce propos vise à montrer que l'unité de la région rend indispensable l'instauration du Grand Paris, entendue comme entité élue au suffrage universel et reprenant les compétences relatives au logement, au développement économique et à la fiscalité locale des actuelles mairies, intercommunalités et conseils départementaux de la région.

Sur le territoire métropolitain, la spécificité de la région Île-de-France réside dans sa caractéristique radiale, organisée autour d'un centre hégémonique et historique, la ville de Paris. Ce caractère concentrique de la région, cette relative unité à mesure qu'on s'éloigne du centre, les problématiques communes qu'affrontent ses habitants appellent à l'unité politique. Les douze millions d'habitants, qu'ils habitent dans une commune riche ou pauvre, concourent tous à la richesse de l'agglomération, et on s'étonne qu'une communauté de destin n'ait pu être instaurée comme dans d'autres grandes capitales (Rome, Berlin, Londres).

Pour analyser les dynamiques à l'œuvre, la comparaison des prix de l'immobilier ancien à l'intérieur de la métropole parisienne révèle sa structuration à raison de l'éloignement par rapport au centre. Depuis 2015, l'hyper-centre de Paris a augmenté de 30 à 40 %, les « arrondissements à deux chiffres » de 20 à 30 %, la petite couronne entre 10 et 20 %, tandis que les départements de la grande couronne ont vu leurs prix stagner, voire diminuer. Nouveauté remarquable, la Seine-Saint-Denis devient attractive, avec +10 % en moyenne (+42 % à Saint-Ouen et +25 % à Pantin, Bagnolet et Montreuil). L'éloignement par rapport au centre semble être devenu l'*ultima ratio* de l'attractivité. Ce n'est pas anodin dans la mesure où un sondage réalisé par JLL en 2019 montre que le prix contraint les deux tiers des Franciliens dans le choix de l'implantation de leur logement.

C'est d'autant plus remarquable si l'on songe à la fracture historique entre quartiers aisés (situés à l'ouest et au sud-ouest) et populaires (à l'est et au nord), ou encore au rêve du « pavillon-de-banlieue-avec-jardin » qui avait vu les classes moyennes fuir le centre pour les banlieues pavillonnaires de la grande couronne, encouragées par la création à l'ère gaullienne des réseaux de Rer et de cinq villes nouvelles à trente kilomètres de Paris, conçues dans une logique de pôles urbains alternatifs au centre (Sénart, Saint-Quentin-en-Yvelines, Évry, Cergy et Marne-la-Vallée).

Les raisons sont multiformes : temps de transports contraignants sur des autoroutes bouchées que ne compensent pas les Rer bondés aux retards récurrents, hausse des prix de l'essence, sentiment d'insécurité, les délits explosant dans les zones périphériques, éloignement de la vie culturelle, nuisances sonores des aéroports et des autoroutes, etc. Alors qu'en sens inverse, la réhabilitation du centre de Paris s'accompagne d'entraves croissantes pour accéder au centre (vignette Crit'Air et véhicules anciens interdits de circulation en semaine, restriction des accès aux portes de Paris…).

Si l'unité de l'agglomération parisienne est une évidence, la région reste la plus inégalitaire.

Pourtant, si l'unité de l'agglomération parisienne est une évidence à la fois géographique, économique et humaine, la région reste, selon l'Insee, la plus inégalitaire. Elle est composée de départements où le niveau de vie médian est le plus élevé de France métropolitaine (Paris, Hauts-de-Seine, Yvelines, Essonne et Seine-et-Marne), mais également de celui où il est le plus faible, en Seine-Saint-Denis. Sur le plan institutionnel, la région n'a pas de compétences sur des problématiques aussi essentielles que le logement, l'habitat social ou, souvent oubliée, la fiscalité locale, qui subissent un sort extrêmement variable selon le lieu. Les faibles recettes fiscales vont aux communes et départements pauvres et les fortes aux riches et les mécanismes de « solidarité » entre communes ne compensent cela en rien (le produit du fonds de solidarité régional est d'environ 300 millions d'euros, soit moins d'un millième du Pib de la région), ni les dotations de péréquation de l'État (dotation de solidarité urbaine, dotation nationale de péréquation) avec un montant du même ordre. En l'état, le Grand Paris crée les grands parias.

Ce morcellement politique, fiscal et spatial ne peut plus se comprendre. Ou plutôt, il se comprend trop bien si l'on considère comme acquise la ségrégation spatiale et sociale voulue et organisée entre communes riches et pauvres, d'autant plus choquante que les habitants de l'Île-de-France concourent tous à la richesse parisienne par leur travail ou leur consommation et que l'agglomération représente un bassin de vie et d'emplois aux problématiques communes.

Le projet du Grand Paris lancé par Nicolas Sarkozy en 2007 affichait un objectif d'unification politico-administrative. Volonté vite enterrée face aux levées de bouclier des élus locaux de tous bords soucieux de préserver leur pré carré, mettant en avant l'éternel slogan des « menaces sur la démocratie locale », comme si les villes de Rome, Berlin ou Londres étaient des dictatures ! Si elle est née en 2016, la « Métropole du Grand Paris » n'a pas reçu les compétences de l'aménagement et du logement, et les départements de la petite couronne et les intercommunalités n'ont pas été supprimés. Ses compétences sont limitées à la planification stratégique et autres « schémas directeurs ».

Un avorton du projet est cependant né : le réseau orbital du « Grand Paris Express », sorte « d'A86 du métro » comportant 68 gares pour 200 kilomètres de lignes reliant les villes de la banlieue parisienne. Belle ambition assurément. Mais comment croire à la mise en service annoncée en 2030, alors que le prolongement de la ligne 12 vers la mairie d'Aubervilliers réalisé par la Ratp, deux kilomètres de voies et deux gares, aura duré dix ans, subissant un retard de sept ans, et que le prolongement de la ligne 14 annoncé pour 2017 ne le sera qu'à l'été 2020, soit 100 % de dépassement du délai initial ? Rappelons qu'en dix ans, entre 1900 et 1910, ce ne sont pas deux mais cent stations qui furent construites à Paris : on cherche en vain le « progrès » ! C'est davantage en 2040 que ce réseau orbital sera opérationnel. De plus, son coût est déjà supérieur de 50 % aux annonces, à 35 milliards d'euros. Certes, le Grand Paris Express renforcera l'unité de la région et favorisera les communes de banlieue, mais il n'est pas acceptable d'attendre sa mise en service pour corriger les inégalités, sinon c'est la loi du marché qui va s'appliquer, favorisant encore l'hyper-centre par rapport à la périphérie.

Une reprise par l'actuelle région des compétences du logement ou de la fiscalité locale au détriment des départements, intercommunalités et communes, pour souhaitable qu'elle soit, est inenvisageable. Les équilibres politiques sont si ancrés que jamais un rognage des compétences au profit de la région ne réussira. Une entité nouvelle doit être créée pour se voir attribuer par la loi des compétences utiles à l'échelle de l'agglomération, à l'image des autres métropoles européennes.

La reprise de l'organisation qui partage le département du Rhône entre Lyon-Métropole et les zones périurbaines et rurales qui l'entourent, adaptée entre le Grand Paris jusqu'à la Francilienne et l'actuelle région au-delà, est une piste utile car éprouvée. La frontière de la Francilienne paraît la plus pertinente car à l'échelle de Londres ou de New York en regroupant dix des douze millions d'habitants de la région, et marquant peu ou prou le passage d'un milieu urbain à un milieu rurbain aux problématiques différentes.

L'intercommunalité du Grand Paris reprendrait les attributions stratégiques actuellement disséminées dans les communes, les intercommunalités et les départements. Les critères fiscaux seraient uniques, les dotations et les équipements et services publics territoriaux fixés par habitant et non plus en fonction du lieu de vie, avec une trajectoire de convergence et de rattrapage. Un référendum pourrait être organisé avec différents choix inspirés des métropoles des pays voisins.

TRAVAIL POLITIQUE OU TRAVAIL MÉMORIEL ?

Paul Thibaud

Revenant de Yad Vashem, le président de la République a évoqué les *« défis de mémoire »* qu'il voit devant nous, concernant d'abord la guerre d'Algérie. À ce propos, il se réfère au discours du Vél' d'Hiv' de Jacques Chirac en 1995. Évidemment, le déroulement de la guerre d'Algérie a bien peu de choses à voir avec celui de la Shoah. Ce qui porte actuellement à les rapprocher, c'est la posture commune, à un demi-siècle d'intervalle, à deux présidents qui s'érigent en épurateurs de la mémoire nationale aux dépens des générations qui les ont précédés[1].

Sauf dans la tête de Hitler, il n'y a jamais eu de guerre judéo-allemande, alors que l'Algérie a connu une vraie guerre entre 1954 et 1962, où le nombre des victimes de l'armée française a été du même ordre de grandeur que celui des victimes du Front de libération nationale (Fln). Le terrorisme aveugle, visant indistinctement les membres de l'autre communauté, a été d'entrée la tactique du Fln avant de devenir, sur la fin, le fait de l'Organisation armée secrète (Oas). On peut d'autant moins l'oublier, en faisant l'impasse sur les dynamiques internes au mouvement algérien d'indépendance, que ces dynamiques déterminent encore la situation du pays. Un acteur du conflit devenu l'un de ses meilleurs historiens, Mohammed Harbi, a bien caractérisé le Fln en parlant à son propos de *« populisme »*. Ni mouvement social ni mouvement politique, le Fln a été le regroupement précaire, traversé d'éliminations violentes, de militants impatients de remplacer la minorité coloniale dans le rôle de dominants. N'ayant pas d'autre lien que la capacité de faire bloc contre l'adversaire, ce groupe était structurellement incapable de débat interne, aussi bien que de négociation. Que le compromis accepté par ses représentants à Évian ait été aussitôt récusé, avec les effets tragiques qui s'ensuivirent, s'explique non par une intransigeance sur l'objectif, mais par une incapacité foncière de partager le pouvoir, l'invocation d'un peuple mythique s'accompagnant de l'expropriation du peuple réel et le chef historique, en dernier lieu Bouteflika, servant de camouflage à cette substitution.

En face d'un tel système, qui domine l'Algérie depuis soixante ans, alors que les archives algériennes ne

1 - Sur les débats actuels autour de la mémoire de la guerre d'Algérie, voir aussi le texte de Joël Hubrecht « Guerre d'Algérie, une odyssée de la mémoire », ***Esprit*****, novembre 2018.**

Les Indépendants, premier parti aux États-Unis ?

Laurie Henneton

Comme chaque année bissextile, les citoyens américains vont élire leur président au terme d'un scrutin qui nous tiendra en haleine jusqu'au dernier jour dans le meilleur des cas. L'électorat semble presque parfaitement divisé entre Démocrates et Républicains. Si galvaniser sa base partisane est nécessaire pour chaque camp, ce n'est pas suffisant : il ne faut pas qu'une campagne qui mobilise dans son camp effraie au centre.

La polarisation partisane ronge la politique américaine dans un mouvement tectonique que rien ne semble pouvoir arrêter. On pourrait penser qu'elle laisse le champ libre à la création d'un parti centriste qui réunirait les modérés des deux camps, d'autant que l'institut Gallup, par exemple, annonce chaque année que le nombre d'électeurs se déclarant « Indépendants » dépasse celui des Démocrates comme des Républicains. Avec plus de 40 % d'Américains se désignant comme tels, les Indépendants seraient-ils le premier parti des États-Unis, une sorte de majorité silencieuse en mal de représentation ? En réalité, ces Indépendants sont une illusion d'optique : ils forment une masse composite et très hétérogène, regroupés sous une étiquette qui masque bien plus qu'elle ne révèle.

Les Indépendants sont en effet composés de partisans qui « penchent » vers un parti sans s'en réclamer pour autant, des deux côtés, alors qu'entre ces deux groupes de « crypto-Républicains » et de « crypto-Démocrates », on trouve un petit noyau de « vrais » Indépendants dont les proportions varient, selon les sondages, entre 7 et 15 %.

Qui se dit Indépendant et pourquoi ?

Quand ils s'inscrivent sur les listes électorales, les Américains doivent s'affilier à un parti dans une majorité d'États, ce qui leur donne accès aux primaires quand elles sont réservées aux membres du parti concerné. Une option est de se déclarer Indépendant. Les sondeurs posent également la question de l'affiliation partisane en proposant généralement de choisir entre Démocrate, Républicain et Indépendant. C'est donc purement déclaratif : pas besoin d'être à jour de cotisation.

Les quelques enquêtes sur la composition de la nébuleuse indépendante montrent qu'en plus des crypto-partisans des deux bords, on trouve des « Indépendants purs » qui ne penchent ni d'un côté ni de l'autre, ainsi que des Américains en rupture avec le politique, qui sont alors rarement inscrits sur les listes électorales et votent très peu.

Ces typologies mettent en évidence la distance des Indépendants vis-à-vis du politique en général, et des partis en particulier, dans un contexte de déclin de la confiance, notamment envers le gouvernement fédéral. Par certains aspects, cette défiance et cette distance des institutions évoque l'essor des *nones*, qui ne se reconnaissent plus dans les Églises établies[1].

Pourquoi « pencher » vers un parti sans s'en réclamer explicitement ? À la fois par rejet pour l'autre parti, mais aussi par méfiance envers le parti vers lequel on penche et donc plus largement envers les partis. Se déclarer Indépendant est aussi une façon de projeter une image flatteuse de soi, les partisans étant généralement vus négativement. Il s'agit donc en partie d'un geste motivé davantage par la psychologie que par la politique.

Là encore le parallèle avec la religion s'impose : les *nones* ne sont que minoritairement athées. La plupart sont croyants, beaucoup sont pratiquants (à leur façon) mais refusent l'affiliation à une Église. Dans un cas, c'est une distance avec l'institution ecclésiastique, dans l'autre, avec l'affiliation partisane. D'un point de vue sociologique, les hommes sont surreprésentés chez les Indépendants, de même que les jeunes, ce qui rappelle à nouveau l'évolution des *nones*.

Un électorat décisif ?

Les sondages de sortie des urnes laissent penser que le vote des Indépendants est décisif. Ainsi, dans les États de la *Rust Belt*, autour des Grands Lacs, décisifs en 2016, les Indépendants ont alors penché du côté de Trump, tandis que lors des élections de mi-mandat de 2018, ils ont donné une majorité aux Démocrates. Or ces fluctuations en proportion concernent d'abord l'ensemble des Indépendants et masquent probablement des effets de sous-mobilisation de la composante crypto-Démocrate en 2016 et crypto-Républicaine en 2018. Ces sondages, si précieux pour l'analyse électorale, ne distinguent pas les types d'Indépendants.

Cette année, les partisans des deux bords semblent bien regroupés derrière leur camp. On peut donc penser que ce sont les Indépendants qui feront l'élection. Même si leur faible nombre réel (entre 7 et 15 %, et non 40 %) pourrait suffire à faire basculer un État clé, les Indépendants votent moins que les partisans, et les vrais

1 - Voir Lauric Henneton, « Aux États-Unis, l'irrépressible sortie des Églises », *Esprit*, novembre 2018, p. 55-58.

Indépendants encore moins que les crypto-partisans.

D'un point de vue idéologique, les sondages sont peu éclairants quand ils ne vont pas au-delà de l'étiquette globale « Indépendants ». On sait par exemple que s'ils sont plutôt hostiles à Donald Trump, ils n'ont pas été pour autant favorables à sa destitution. Difficile, dans ces conditions, de lire l'opinion dans la perspective de l'élection de novembre. D'autres enquêtes, plus précises mais moins fréquentes, ont mis en évidence que leurs positions sur les questions sociétales étaient plus progressistes que conservatrices, et donc plus alignées sur celles des Démocrates… ce qui n'a pas empêché la victoire de Trump en 2016 !

Le plus frappant est que les Indépendants sont nettement moins bien informés que les partisans des deux camps[2]. Le paradoxe est qu'ils sont convoités comme un électorat à la fois décisif et pourtant plus distant et difficile à intéresser. Quand ils votent, ils se prononcent donc sur la foi d'informations plus lacunaires, plus superficielles. Ils sont donc plus susceptibles de croire un discours simpliste, voire fallacieux, et qui ne s'embarrasse pas de nuances. Couplé au fait que les Indépendants déclarés sont nettement moins enclins que les partisans à participer à l'action politique (faire campagne en tant que bénévole, planter une pancarte pour un candidat dans son jardin, voire parler politique avec ses voisins), leur déficit informationnel est un signe inquiétant pour le bon fonctionnement d'une démocratie saine.

Négliger les Indépendants, c'est assumer le choix de la radicalité et de l'intransigeance.

Prime aux extrêmes ?

L'étiquette « Indépendants » est donc trompeuse : les authentiques Indépendants ne sont pas très nombreux, ils sont moins bien informés et participent moins que les partisans. Pourquoi donc les équipes de campagne dépenseraient-elles des fonds pour les atteindre ? En effet, il semblerait que le rapport coût-bénéfice d'une campagne ciblée sur la base partisane serait moindre et la rentabilité bien moins hypothétique. Dans ce cas, privilégier sa base plutôt que s'efforcer de séduire les Indépendants ne revient-il pas à encourager la polarisation en optant pour un discours et un programme bien plus décomplexés ? Une stratégie préférant la base au

2 - D'après une étude de l'auteur sur une vingtaine de sondages des instituts YouGov, Quinnipiac et Fox, entre octobre 2019 et février 2020.

centre permet ainsi de donner une chance à des candidats qui semblaient instinctivement trop radicaux pour l'emporter. On reste alors dans une logique de primaire, alors que la séduction des Indépendants permettait un recentrage et offrait une prime à la modération, au compromis et au consensus. Négliger les Indépendants, c'est assumer le choix de la radicalité et de l'intransigeance, et une fois au pouvoir, galvaniser l'opposition dans sa propre radicalité, dans une double polarisation infernale car elle s'auto-alimente. Le seul espoir est que les outrances et l'intransigeance finissent par lasser les électeurs les plus modérés. Mais c'est déjà ce que l'on annonçait avant l'élection de Donald Trump. Trois ans plus tard, sans être très populaire, sa réélection est loin d'être exclue.

LES SARDINES ET L'ENTHOUSIASME DE LA GAUCHE

Lorenzo Alvisi

L'Émilie-Romagne, l'une des régions les plus riches d'Italie, a toujours été considérée comme un bastion de la gauche. Cependant, l'exploit aux élections européennes de la Ligue (33,34 % des suffrages) a donné de l'espoir à Matteo Salvini, qui a lancé une « campagne de libération » à l'occasion des élections régionales du 26 janvier. L'importance stratégique de cette zone et son importance symbolique dans l'imaginaire italien en ont fait un enjeu principal pour la politique nationale : à la fois pour la droite qui espérait un succès historique, mais aussi pour la gauche rassemblée autour du candidat Stefano Bonaccini et du slogan : « Ils ne passeront pas[1]. »

Une défaite du Parti démocrate aurait affaibli lourdement un exécutif déjà instable, mais Lucia Borgonzoni, la candidate de l'extrême droite qui, pendant la campagne, a montré son incompétence, a finalement été

1 - Référence au slogan politique *¡No pasarán!*, prononcé par Dolores Ibárruri Gómez le 18 juillet 1936 et resté associé à la lutte antifasciste.

battue, en obtenant 43,63 % des voix contre 51,42 % pour le centre-gauche. L'Émilie-Romagne n'a pas été séduite par le populisme xénophobe de la Ligue, démontrant aussi une vivacité démocratique inédite en Italie : le taux de participation a été de 67,68 %, supérieur à celui des élections européennes et beaucoup plus important qu'en Calabre, où la participation aux élections était de 44,16 %.

Le phénomène des Sardines

La campagne pour l'Émilie-Romagne a également été caractérisée par la naissance d'un mouvement social très suivi : les « Sardines ».

Le mouvement au succès inédit, avec des manifestations de solidarité de la part des communautés italiennes à Londres, New York et Paris, est né à la suite d'un appel Facebook lancé par quatre jeunes Bolognais face à la violence verbale et politique de l'extrême droite. Le 14 novembre 2019, à l'occasion du lancement de la « campagne de libération », six mille personnes se sont retrouvées sur la place principale de Bologne pour manifester leur opposition à la Ligue. Cette *flash mob* a fait de Mattia Santori, l'un des quatre promoteurs de l'événement, le porte-parole d'un phénomène national : dans les deux mois suivants, une centaine d'autres manifestations ont été organisées du sud au nord de l'Italie. Sans soutenir aucun parti, ces rassemblements visaient d'abord la défaite de l'extrême droite aux élections régionales du 26 janvier. L'organisation des *flash mobs* a été spontanée, mais ciblée : lorsqu'il y avait une réunion de la Ligue, une manifestation pacifique des Sardines y répondait, afin de démontrer que ce parti ne représente qu'une minorité des Italiens et que les opposants sont obligés de « se serrer comme des sardines », car trop nombreux. Un tel mouvement a vite gagné les sympathies de la gauche italienne, et a vu l'émergence d'une jeunesse engagée en politique.

Les spécificités du mouvement

La centralité de la jeunesse ne doit pas surprendre si l'on considère que les réseaux sociaux ont joué un rôle décisif dans la naissance des Sardines. Par exemple, dans la ville de Parme, la *flash mob* a été organisée par des lycéens de 18 ans.

« Notre force, déclare le manifeste du mouvement, *c'est de mettre en relation. Nous sommes des centaines de milliers et nous sommes prêts à vous dire "c'est fini". Nous le ferons dans nos maisons, sur les places et sur les réseaux sociaux.* […] *Nous sommes les Sardines et maintenant, vous allez nous trouver partout. »* Même si les Sardines sont un phénomène essentiellement urbain, la volonté de « récupérer la province » a

toujours été présente dans les discours de Mattia Santori. À l'occasion de la manifestation de Rome, par exemple, ce dernier a lancé « les marches des Sardines » pour mettre en contact les petits villages des Apennins. Cette dernière initiative, comme celle de « sardine auberge sardine », qui visait à une aide réciproque des militants en attente du grand concert tenu à Bologne le 19 janvier, témoigne de la créativité de la jeunesse.

Au-delà d'un vague antifascisme, les *flash mobs* des Sardines n'ont pas porté de véritable projet politique.

La montée de la participation électorale (+ 31,29 % par rapport à 2014) et la popularité de Stefano Bonaccini dans l'électorat plus jeune ont fait parler d'un *« effet Sardines*[2] *»*. Mais, au-delà d'un vague antifascisme, les *flash mobs* des Sardines n'ont pas porté de véritable projet politique. Les fondateurs n'ont jamais souhaité plus qu'un changement du récit public. Leur volonté était de favoriser une prise de conscience dans le paysage italien *(« Nous croyons encore dans la politique*[3] *»)* en partageant une invitation à voter et à se rendre sur les places. Les Sardines sont nées sur Facebook, mais ont toujours soutenu que l'occupation de l'espace public était la seule véritable source de la démocratie : *« Là où il y a du rassemblement, il n'y a pas de peur ; là où il y a du dialogue, il n'y a pas de populisme ; là où il y a une place pleine, il y a des propositions*[4]. *»* Avec ces paroles, les jeunes Sardines ont tissé un réseau de liens partout en Italie et convaincu plusieurs électeurs plus âgés de retourner voter, aidant ainsi le centre-gauche à résister contre la montée de l'extrême droite.

Le risque d'une surestimation

Le Parti démocrate n'a pas perdu son bastion historique, l'Émilie-Romagne, mais la réélection de Bonaccini ne doit pas être saluée comme une victoire définitive sur Matteo Salvini. Le 26 janvier même, la coalition de droite a en effet remporté la victoire en Calabre, lui permettant ainsi d'administrer treize régions sur vingt. De plus, l'effondrement du Mouvement 5 étoiles (4,35 % en Émilie-Romagne et 7,35 % en Calabre) a montré les limites d'un engagement politique uniquement fondé sur la critique des autres.

Par le passé, l'Italie a connu des mouvements similaires à celui des

2 - *La Repubblica*, 26 janvier 2020.
3 - Manifeste de la page Facebook officielle.
4 - Publication des Sardines du 14 décembre 2019, à l'occasion de la manifestation de Rome sur la Piazza San Giovanni.

Sardines : « les Girotondes » en 2001, « La Vague » en 2008 et « Le Peuple violet » en 2009. Les deux premiers s'opposaient aux réformes de la justice et du système scolaire des gouvernements Berlusconi, le troisième réclamait, comme aujourd'hui les Sardines, un changement au sein des partis. Les échecs politiques de ces prédécesseurs suggèrent donc la prudence face à l'*« effet Sardines »*. Leur seule proposition concrète, par exemple, a été l'abrogation des décrets de sécurité promulgués par la coalition Mouvement 5 étoiles-Ligue, mais ils ont toujours force de loi, malgré l'opposition des députés de la gauche. Pour le reste, le mouvement s'est limité à invoquer le respect des institutions, rappeler la classe dirigeante à ses responsabilités et démontrer l'existence d'une Italie désireuse de renouvellement. Cela revient à faire opposition à l'opposition puisque, malgré sa popularité, la Ligue ne joue plus de rôle dans l'exécutif.

Les Sardines ne constituent pas un renouvellement de la politique italienne. Le phénomène a eu le mérite incontestable de redonner de l'enthousiasme politique à une certaine couche de la population italienne, mais la politique ne peut pas se limiter à une opposition entre populistes et non-populistes.

« Le monde du "nous autres", prévenait Mounier suite à la manifestation du 6 février 1934, *se trempe par une abnégation consentie et souvent héroïque à la cause commune. Mais ce "nous" violemment affirmé n'est pas, pour chacun des membres qui le professe, un pronom personnel, un engagement de sa liberté responsable. Trop souvent, il lui sert à fuir l'angoisse du choix et de la décision dans les commodités du conformisme collectif.* [...] *Merveilleux entraînement, il n'est encore qu'une communauté de surface, où l'on risque de se distraire de soi, sans présence et sans échange véritable*[5]. » Les Sardines se sont opposées à la rhétorique violente et xénophobe de Salvini, mais la politique ne peut pas se réduire à une condamnation morale : elle doit comprendre des propositions concrètes.

Il faudrait profiter de l'enthousiasme en faveur des Sardines pour élaborer des projets locaux et nationaux. C'est à cette condition qu'on pourra parler du retour d'une politique de gauche face aux populismes. Autrement, la victoire du 26 janvier n'aura été qu'une victoire à la Pyrrhus.

5 - Emmanuel Mounier, *Révolution personnaliste et communautaire* [1934], Paris, Seuil, 2001, p. 50-51.

ORBÁN ET LA DROITE EUROPÉENNE

Jacques Rupnik

Depuis le vote du Parlement européen en septembre 2018 qui demandait au Conseil européen de recourir à l'article 7 prévoyant la suspension du droit de vote d'un État membre, la « question hongroise » est ouvertement posée à l'Union européenne (UE). Cette procédure exigeant l'unanimité et n'ayant aucune chance d'aboutir, la « question Fidesz » ou la « question Orbán » est aujourd'hui posée à la droite européenne. Pour le Parti populaire européen (Ppe), l'enjeu politique concerne le respect de la démocratie libérale et, au-delà, le rapport de la droite modérée à la tentation du national-populisme. Pour Orbán, le dilemme est de préserver son rôle d'enfant terrible au sein du Ppe, avec les avantages que cela apporte à son pays, ou de tenter une recomposition incertaine avec la droite de la droite. Est-il préférable d'être un petit poisson dans l'océan ou un gros poisson dans une petite mare ?

Dissensions

En mars 2019, le Ppe avait suspendu provisoirement le Fidesz. Depuis lors, les protagonistes font monter les enchères avant la tenue d'un prochain Congrès, en 2020, censé trancher sur une éventuelle exclusion. Lors d'une commission présidée par Herman Van Rompuy, l'ancien président du Conseil européen, la décision fut encore repoussée, et la suspension du Fidesz prolongée *sine die*.

Le contentieux explose lors de la campagne des élections européennes au printemps 2019. Les affiches du Fidesz figuraient un Jean-Claude Junker ricanant, flanqué d'un George Soros hilare, adeptes présumés de la grande ouverture de l'UE aux vagues migratoires. Junker, figure du Ppe et président de la Commission, réplique alors : *« Le Fidesz n'a plus sa place au Ppe. »* À l'ouverture du Conseil européen en décembre, le secrétaire d'État hongrois Zoltán Kovács poursuit pourtant dans la même veine : *« Aujourd'hui nous avons vu l'orchestre Soros entraîner l'UE dans un combat politique motivé par l'idéologie accusant la Hongrie de violation de l'État de droit. »* Retour à l'image du financier juif d'origine hongroise à New York, tirant les ficelles de ses marionnettes à Bruxelles.

Au-delà des guerres de communication, il y a la stratégie politique. Orbán, en janvier de cette année, juge le Ppe en perte de vitesse à cause de sa dérive centriste : *« La direction est mauvaise, nous devenons plus libéraux, socialistes, de gauche et centristes, nous ne défendons pas et ne préservons pas nos valeurs d'origine.* » Il avait auparavant déjà donné un avertissement : *« Si le Ppe ne peut pas changer de cap, nous aurons besoin d'une nouvelle initiative européenne… Nous allons lancer quelque chose de nouveau dans la politique européenne, pour contrebalancer Macron et son nouveau mouvement politique, nous avons besoin de quelque chose* […] *à droite.* » Tandis que le Ppe reproche à Orbán ses atteintes à l'État de droit, aux normes et valeurs européennes, Orbán accuse le Ppe de manquement aux valeurs conservatrices, et menace de quitter la famille avant d'en être expulsé.

Dans le débat au sein du Ppe, Orbán choisit de déplacer le curseur de la « démocratie illibérale » (discours de juillet 2014) vers la défense des « vraies valeurs » conservatrices. Face à Angela Merkel, adepte d'un pays Multikulti, et à une Cdu qui approuve le mariage gay, il est temps de se ressaisir autour des valeurs de la famille, de la nation et de l'Europe chrétienne. La recomposition de la droite doit préfigurer celle de l'Europe.

Orbán choisit de déplacer le curseur de la « démocratie illibérale » vers la défense des « vraies valeurs » conservatrices.

Coalitions

Le Ppe a toujours abrité diverses familles de la droite modérée et Orbán a longtemps profité de ce pluralisme compréhensif. Pendant l'essentiel de la dernière décennie, le Ppe fut son protecteur indulgent et efficace, fermant un œil et parfois les deux face à la dérive autoritaire à Budapest.

Bref rappel : au début de l'année 2000, Viktor Orbán est, à 35 ans, le plus jeune Premier ministre d'Europe après une mutation réussie du Fidesz, un parti libéral en 1990, en un parti national-conservateur. L'Autriche expérimente alors une coalition inédite de la droite chrétienne (Övp) avec l'extrême droite de Jörg Haider (Fpö). Bruxelles, Paris (Chirac) et Berlin (Schroeder) mettent alors l'Autriche en quarantaine. Le premier opposant à faire une conférence de presse commune avec le chancelier autrichien est un certain Viktor Orbán. Un lien fort se crée alors avec la droite autrichienne, mais aussi la Csu bavaroise. Edmund Stoiber, le chef de la Csu, rejoint Schüssel et Orbán au sein d'un « axe » Budapest-Vienne-Munich. Cette alliance du Fidesz avec le Övp et la Csu/Cdu est à l'origine du bouclier protecteur dont Viktor Orbán bénéficia au sein du Ppe depuis son retour au pouvoir en 2010.

La droite austro-allemande n'était cependant pas seule en cause. La Commission Barroso fit également preuve de laxisme, alors que les entorses à la liberté des médias ou à la séparation des pouvoirs étaient flagrantes dès 2010-2011. Il est vrai que la commissaire européenne alors chargée de faire quelques remontrances polies à Orbán n'était autre que Neelie Kroes, qui n'était pas d'une rigueur absolue sur les questions de droit et de déontologie[1]. Contraste saisissant avec son compatriote Timmermans, qui abandonna laxisme et précautions oratoires face à la Pologne et à la Hongrie au sein de la Commission sortante. Désormais confrontés à une procédure selon l'article 7, où le processus compte autant, voire plus, que l'improbable sanction, Orbán et Kaczyński ont bien insisté sur le fait que la présidente de la Commission, Ursula von der Leyen, a été élue de justesse grâce à leur soutien… Une façon de rappeler qu'elle leur serait redevable.

Recompositions ?

Ce n'est pas seulement l'attitude de la Commission qui a changé, mais aussi le contexte au sein de la droite européenne. Le soutien apporté à Orbán par le PiS polonais et le groupe de Visegrád est bien connu, surtout depuis la crise migratoire de 2015 et leur opposition commune à la politique d'accueil de Merkel et à la politique de répartition des migrants par quotas de la Commission Junker. Désormais, ce sont l'Italie et l'Autriche, les deux alliés privilégiés de la Hongrie avant-guerre, qui fournissent à Orbán de nouvelles options.

D'abord, le duo Orbán-Salvini lança à la fin août 2018 l'idée d'une alliance des souverainistes anti-migration, contre les libéraux progressistes ayant Macron à leur tête. Le résultat aux européennes ne fut pas concluant. Mais l'Autriche, à la charnière entre l'Est et l'Ouest, est en train de devenir un laboratoire politique de l'Europe. En phase avec Orbán et le groupe de Visegrád sur la question migratoire, elle garde ses distances avec leur euroscepticisme. Surtout, l'Autriche vient d'expérimenter, en moins de trois ans sous l'égide du chancelier Kurz à la tête du parti chrétien-démocrate, deux variantes de coalition qui brisent autant de tabous pour la droite du Ppe. D'abord l'alliance avec l'extrême droite, le Fpö de Strache (ébranlé l'an dernier par une vidéo exposant sa compromission avec un oligarque poutinien) ; puis celle du Övp avec les Verts, qui ont déjà la présidence de la République. À l'heure où la droite et la gauche « classiques » sont en déclin partout, cette expérience suggère des possibilités futures, à commencer par l'Allemagne.

1 - La commissaire européenne était intraitable sur le sujet de la « concurrence libre et non faussée », mais moins diserte sur l'État de droit en Hongrie ou ailleurs. On a établi depuis lors qu'elle figurait, pendant son mandat à la Commission, au conseil d'administration de sociétés *offshore* enregistrées dans des îles exotiques.

L'Autriche vient d'expérimenter deux variantes de coalition qui brisent autant de tabous pour la droite du PPE.

Orbán avait misé, au-delà de son alliance avec Kaczyński et le PiS, sur Salvini et Kurz première mouture, allié à l'extrême droite. Son objectif était de fédérer la droite dure sans rejoindre le groupe des extrémistes identitaires, qui réunit Marine Le Pen, Geert Wilders, et Fratelli d'Italia. La connivence avec Kaczyński et le PiS fut réaffirmée début janvier à Varsovie, mais après le départ des conservateurs britanniques, ce n'était pas le moment pour Orbán d'aller rejoindre le groupe des « conservateurs réformateurs », orphelin de son créateur. Avec l'échec (provisoire ?) de Salvini, la menace de la recomposition avec la droite nationale-populiste envisagée par Orbán semble moins crédible, alors que le pivot éco-conservateur en Autriche offre une autre option. De quoi la politique de la peur sera-t-elle faite : de la peur des migrants ou de celle du climat ?

Dernier élément, l'ère de la protection dont Orbán jouissait au sein du PPE s'épuise avec celle de Manfred Weber. Le nouveau président *ex officio* du PPE, Donald Tusk, ancien Premier ministre polonais et président sortant du Conseil européen, est sur une tout autre ligne. Ami de Viktor Orbán de longue date, mais adversaire déterminé en Pologne du PiS, le parti national-conservateur de Jarosław Kaczyński, Tusk fit passer le principe avant les connivences personnelles dans un discours important dont voici la conclusion : *« Que cela soit bien clair : si vous vous opposez à l'État de droit et à l'indépendance de la justice, vous n'êtes pas un démocrate-chrétien ; si la liberté de la presse et les ONG vous déplaisent, si vous tolérez la xénophobie, l'homophobie, le nationalisme et l'antisémitisme, vous n'êtes pas un démocrate-chrétien ; si vous placez l'État et la nation à l'opposé ou au-dessus de la liberté et de la dignité individuelles, vous n'êtes pas un démocrate-chrétien ; si vous soutenez Poutine et attaquez l'Ukraine, si vous prenez le parti de l'agresseur et non celui de la victime, vous n'êtes pas un démocrate-chrétien ; si vous souhaitez remplacer le modèle occidental de démocratie libérale par un modèle oriental de "démocratie autoritaire", vous n'êtes pas un démocrate-chrétien. »*

La riposte de Viktor Orbán ne s'est pas fait attendre. Dans un « Mémorandum sur l'état du PPE » adressé à sa direction à la mi-février 2020, le Fidesz reprend et accentue ses griefs antérieurs. Au lieu de s'attaquer de front au libéralisme de gauche, le PPE serait devenu une *« coalition centriste qui glisse de la droite chrétienne vers la gauche »*, ayant abandonné le combat contre le communisme et le marxisme[2]. Surtout : *« Nous avons abandonné le modèle familial fondé sur le mariage d'un homme et d'une femme pour succomber à l'idéologie du genre. Au lieu d'avoir une politique nataliste on compte sur la migration de masse comme solution à nos problèmes démographiques. »* La conséquence, à en croire Orbán, serait que les différences entre partis de l'Est et de l'Ouest augmentent. Affirmation aussitôt contredite, pourtant, par le reproche adressé aux membres du Ppe d'avoir élu Donald Tusk, ancien Premier ministre polonais de la Plateforme civique, à la tête du parti en novembre 2019. Autrement dit, le problème n'est pas une différence entre partis de l'Est et de l'Ouest, mais bien un problème politique posé à la droite européenne sur son positionnement idéologique, ses alliances, ses « lignes rouges » à ne pas franchir. Alors qu'Orbán venait de participer au rassemblement de la droite dure des « nationalistes conservateurs » à Rome[3], la Cdu de Merkel récusait catégoriquement en Thuringe toute alliance avec l'extrême droite.

Longtemps perçu comme un pilier de la construction européenne sous influence franco-allemande, le Ppe découvre en Europe centrale, avec le Hongrois Viktor Orbán, l'Autrichien Kurz et le polonais Donald Tusk, de quoi renouveler ses débats et tester ses choix politiques.

2 - Allusion à la participation de J.-C. Junker à l'hommage à Karl Marx à Trèves en mai 2018. Passé quasi inaperçu à l'Ouest, il suscita de vives réactions dans les pays ex-communistes.

3 - « National Conservatism Conference », Rome 3-4 février 2020 avec la participation de Viktor Orbán, de Ryszard Legutko, l'idéologue du PiS polonais et de Marion Maréchal. Matteo Salvini s'est décommandé pour éviter la concurrence avec Giorgia Meloni, présidente des (post)fascistes de Fratelli d'Italia…

Le populisme en débat

Le populisme en débat

Avant-propos

Anne Dujin

Il est des mots qui, soudain, paraissent devenir incontournables dans le débat public. Souvent parce qu'ils désignent une réalité sinon nouvelle, du moins instable, qui échappe encore aux définitions précises. Le mot recouvre alors une pluralité de phénomènes, qui ne sont certes pas sans se ressembler, mais dont on ne sait pas dire s'ils partagent ne serait-ce que des causes ou des effets communs. Si bien que le mot finit par désigner l'air du temps lui-même, un visage de notre époque.

Le mot populisme est de ceux-là. L'inflation de son usage est telle ces dernières années qu'on en oublierait presque que son apparition dans le lexique politique est ancienne. Que l'on songe au populisme russe du milieu du XIXe siècle, au populisme agraire aux États-Unis à la fin du XIXe siècle, ou aux populismes latino-américains du XXe siècle, qui se sont désignés eux-mêmes comme tels. Ces dernières années, le terme de populisme et l'adjectif qui en découle ont davantage fonctionné comme des anathèmes, en particulier dans des cercles dits libéraux. Mais on a vu également des mouvements ou des dirigeants s'en revendiquer, à gauche comme à droite du spectre politique. Repoussoir pour les uns, mobilisateur pour les autres, le mot est devenu un fétiche.

À y regarder de plus près, on constate que la notion de populisme entretient, en creux, des liens étroits avec celles de démocratie et de représentation. Sont en effet qualifiés de populistes des dirigeants ou des mouvements autoritaires, antidémocratiques. Plus souvent encore, est nommé populisme ou populiste ce qu'il serait plus juste d'appeler démagogie ou démagogue. Des dirigeants ou des mouvements qui singent la vie démocratique (réduite au principe majoritaire) vident ses institutions de leur substance et contestent le principe même de représentation. Bien plus que la négation de la démocratie, le populisme joue alors comme un révélateur de ses dysfonctionnements, de ses impasses. Quoi qu'il en soit, dans des régions aussi différentes aujourd'hui que l'Europe de l'Est, les États-Unis, l'Inde ou la Turquie, on compte de plus en plus de leaders nationalistes, en particulier de droite ou d'extrême droite, qui se retrouvent dans leur mépris de l'État de droit, le rejet du pluralisme, la xénophobie et l'incitation à la violence. Loin de ne représenter qu'une hypothétique menace, ils mènent des politiques qui ont déjà des effets concrets et se renforcent les uns les autres. Est-ce le populisme chez eux qui dérange ? Ou autre chose ? La question a son importance. Mais il y a également urgence à faire front contre cette façon de faire de la politique.

Plus que la négation de la démocratie, le populisme joue comme un révélateur de ses dysfonctionnements.

C'est donc à une double ambition que veut répondre ce numéro d'*Esprit*. La série d'entretiens proposée dans ce dossier par les universitaires Arthur Borriello et Anton Jäger participe de l'effort théorique au long cours que la notion de populisme exige de nous, loin des jugements normatifs. En s'entretenant avec Pierre Ostiguy, Christopher Bickerton et Nadia Urbinati, ils offrent des éclairages historiques, géographiques et conceptuels encore peu connus en France. Mais il s'agit aussi de prendre la mesure de la pénétration du phénomène populiste dans nos systèmes politiques et nos représentations. Ainsi, Yann Raison du Cleuziou propose une analyse sociologique de l'alliance paradoxale que l'on observe, en diverses régions du monde, entre des leaders dits populistes et des électorats chrétiens. Ghislain Benhessa, Nathalie Bittinger et Nicolas Léger évoquent quant à eux la manière dont le populisme, comme imaginaire social et politique, se donne à voir dans des séries récentes ou dans un film comme *Joker*.

Le populisme en débat

Introduction

Arthur Borriello et Anton Jäger

Omniprésent dans le débat public et dans les conversations de science politique – à tel point qu'il a été consacré « terme de l'année » par le *Cambridge dictionary* en 2017 –, le populisme semble être le nouvel air du temps. La multiplication et la concomitance de phénomènes politiques jugés « anormaux » (la montée du Front national, l'élection de Trump, l'émergence de Podemos dans le jeu politique espagnol, le Brexit, la popularité de Matteo Salvini, etc.) suscite une profusion d'expressions catastrophistes sur le populisme comme « vague », « menace » ou « explosion ».

Le diagnostic ainsi posé porte toujours en lui une forme de jugement : être soupçonné de populisme, c'est être considéré comme potentiellement dangereux pour la démocratie. Dans le champ politique, le terme est fortement polémique et fait office de marqueur à double tranchant, tantôt adjectif insultant, tantôt gage d'authenticité et d'extériorité vis-à-vis du système. D'une part, être taxé de populisme, c'est être accusé de démagogie, d'opportunisme politique et de tendances antidémocratiques. Le populisme fait alors l'unanimité contre lui, créant notamment de curieuses solidarités de fait entre libéraux et marxistes par exemple, les uns fustigeant ses tendances autoritaires et antipluralistes, les autres déplorant sa conception personnalisée et simpliste de l'action politique. D'autre part, se revendiquer populiste, dans un typique retournement du stigmate, c'est affirmer son opposition et son extériorité à des élites politiques et des partis traditionnels dont la popularité est en chute libre à peu près partout depuis maintenant au moins trente ans.

Au-delà de son caractère polémique, le concept de populisme, dans ses usages les plus courants, reflète les biais de la littérature qui lui est consacrée : le manque de profondeur historique, le flou conceptuel, les biais géographiques et les jugements normatifs hâtifs polluent un débat pourtant essentiel à la compréhension des évolutions politiques de notre temps. À cela s'ajoutent les déformations induites par le cloisonnement des traditions académiques et des cultures politiques : d'un espace académique à l'autre (francophone, anglophone, hispanophone) et d'une histoire politique à l'autre (le Vieux Continent contre le Nouveau Monde), le terme évoque des réalités différentes et comporte des connotations opposées. Bien que de nombreux travaux aillent aujourd'hui dans ce sens, une histoire intellectuelle *universelle* du populisme reste encore à faire, fondée sur un travail d'échanges et de traduction entre des traditions trop isolées les unes des autres.

Ce dossier entend accomplir un modeste pas dans cette direction en donnant la parole à trois spécialistes du populisme provenant de traditions de pensée différentes – à la fois en termes d'écoles théoriques, d'ancrages géographiques et de positions normatives.

La variété des contextes nationaux évoqués par chacun des auteurs, la profondeur de chacune des approches qu'ils défendent, mais aussi les lignes de fracture qui apparaissent entre elles lorsqu'elles sont mises en contraste, invitent à sortir des diagnostics rapides et univoques, souvent fortement eurocentrés, qui se contentent d'une dénonciation automatique de la nature démagogique et irrationnelle du populisme. Sans abandonner la saine *« inquiétude démocratique*[1] *»* qui sous-tend ces diagnostics, ces entretiens la replacent dans une conversation qui prenne acte de débats approfondis provenant de différentes traditions académiques et cultures politiques, en particulier des États-Unis et d'Amérique latine. Ils permettent d'entendre des interprétations alternatives, sous-explorées et étouffées par la psychologisation ou le réductionnisme sociologique du phénomène populiste (le populisme comme expression de la colère populaire ou comme traduction politique des secteurs « arriérés » de la société[2]). Ils apportent une profondeur historique à des débats qui en manquent souvent cruellement. Enfin, ils permettent de se rendre

1 - Voir le dossier coordonné par Justine Lacroix et Michaël Fœssel, « L'inquiétude démocratique. Claude Lefort au présent », *Esprit*, janvier-février 2019.

2 - Derrière ces approches (que l'on retrouve aujourd'hui dans les commentaires condescendants sur la colère des « perdants de la mondialisation ») se cache généralement une comparaison peu flatteuse avec les canons de la rationalité et de la modernité politiques, qui traverse le champ d'études sur le populisme depuis les travaux pionniers de Ghita Ionescu et Ernest Gellner. Voir G. Ionescu et

compte que les questions posées par la multiplication des mouvements populistes engagent la nature profonde du politique, la relation entre démocratie et libéralisme ou encore les grandes évolutions sociopolitiques des démocraties contemporaines.

On retiendra quatre grandes lignes de force. En premier lieu, le populisme renferme l'élément d'antagonisme inhérent au politique. Comme l'affirmait Ernesto Laclau, *« le populisme est la voie royale pour saisir la constitution ontologique du politique* tout court[3] *»*. Qu'on salue cette résurgence de l'antagonisme (ou sa domestication « agonistique », pour reprendre la notion défendue par Chantal Mouffe[4]) comme essentielle à la vie démocratique, ou qu'on s'en inquiète au nom de la civilité libérale et des principes de la délibération rationnelle et plurielle, le constat est le même : le populisme nous oblige à penser le caractère constitutif du conflit pour le social[5]. L'espace laissé vide par le déclin des formes traditionnelles de représentation et de médiation aurait ainsi ouvert la voie à un face-à-face de plus en plus exclusif entre l'affirmation exaspérée du conflit (populisme) et sa négation (technocratie). Cependant, le populisme n'est pas un pur moment destituant, mais comporte un rapport spécifique aux institutions qui se donne à voir dans les exemples de « populisme au pouvoir », qui sont particulièrement nombreux et riches d'enseignements en Amérique latine, du péronisme historique et actuel à la récente « vague rose ».

Une deuxième piste de réflexion porte sur le regard que nous portons sur le populisme. Les entretiens qui suivent invitent à opérer un décloisonnement entre les traditions de pensée – ce qui, d'un point de vue européen, revient à se décentrer. Les expériences latino-américaines permettent de dénaturaliser certains réflexes de pensée typiquement européens : non, le populisme n'est pas qu'un pré- ou un post-fascisme ; non, le propre du populisme n'est pas la mise en scène d'une opposition morale entre un peuple « honnête » et des élites « corrompues » ; non, le populisme n'est pas un phénomène politique exceptionnel. À l'inverse, les cas européens déjouent un certain nombre d'équations

E. Gellner (sous la dir. de), *Populism: Its Meanings and National Characteristics*, Londres, Weidenfeld and Nicolson, 1969.

3 - Ernesto Laclau, *La Raison populiste*, trad. par Jean-Pierre Ricard, Paris, Seuil, 2008.

4 - Chantal Mouffe, « Politique et agonisme », *Rue Descartes*, n° 67, 2010/1, p. 18-24.

5 - Claude Lefort, *Essais sur le politique. XIXe-XXe siècles*, Paris, Seuil, 1986.

ancrées dans les réalités nord et sud-américaines : le populisme n'est pas nécessairement « la réalisation de l'État-providence par d'autres moyens », mais peut être le symptôme politique de son déclin, voire son fossoyeur enthousiaste ; le populisme ne se présente pas toujours sous la forme d'un mouvement de masse ancré dans les secteurs populaires de la société, mais apparaît parfois comme une forme d'organisation lâche et déterritorialisée existant essentiellement sur les réseaux sociaux.

Outre le décentrement culturel et géographique, l'érudition des auteurs invite également à opérer une mise en perspective historique. C'est que, focalisés sur l'actualité politique la plus brûlante (Orbán, Salvini, Maduro, Trump), nous en oublions parfois que le populisme a plus d'un siècle d'histoire – les *narodniki* russes, le populisme nord-américain de la fin du XIXe siècle et de l'entre-deux-guerres, les populismes latino-américains de la seconde moitié du XXe siècle – et que le concept de populisme dans la science politique a une histoire intellectuelle mouvementée, longue d'une soixantaine d'années. Réhistoriciser permet de comprendre, par exemple, que certains traits que l'on tend à attribuer au populisme en général ne sont en fait propres qu'à sa version contemporaine et occidentale, et nous en apprennent plus sur les grandes évolutions sociopolitiques de nos sociétés que sur le populisme en tant que tel. La forme organisationnelle verticale, débarrassée des corps intermédiaires, fonctionnant comme un *« non-parti*[6] *»*, ne correspond ni au péronisme, ni au *People's Party*. Il s'agit plutôt d'un trait transversal de nos sociétés contemporaines, marquées par un processus d'individualisation, de déclin des corps intermédiaires et de personnalisation de la vie politique, processus qui touche l'ensemble des forces politiques, toutes obédiences confondues. Cette forme n'est donc pas spécifique au populisme, mais celui-ci s'adapte sans doute plus facilement à ce nouvel environnement que certaines familles politiques traditionnelles en raison de caractéristiques qui, elles, lui sont propres. À cet égard, l'importance pour le populisme d'un dirigeant charismatique et sa façon de fédérer des demandes hétérogènes qui ne correspondent pas aux frontières établies entre groupes sociaux sédimentés et institutionnalisés lui confèrent une longueur d'avance sur nombre de ses adversaires. Enfin, historiciser le populisme permet de reconnaître son inextricable

6 - Caterina Paolucci, « Forza Italia : un non-parti aux portes de la victoire », *Critique internationale*, n° 10, 2011/1, p. 12-20.

rapport à la modernité politique : loin de la démagogie « directe » des Anciens, le populisme est toujours affaire de représentation – une forme de représentation qui confine d'ailleurs à l'« incarnation » plus qu'à la simple délégation élective.

Enfin, ces distinctions amènent à repenser et à nuancer notre évaluation normative du populisme. D'une part, beaucoup de critiques qui lui sont adressées sont particulièrement injustes, puisqu'elles visent souvent des éléments qui n'ont pas trait à la nature populiste des mouvements considérés, mais bien à d'autres dimensions qui s'y greffent (le conservatisme, le racisme, etc.). Critiquer le populisme pour sa xénophobie et son nationalisme est un comble, lorsque l'on pense qu'Evo Morales a constitutionnalisé les droits des populations indigènes en Bolivie ou que Podemos défend depuis sa naissance une conception plurinationale de l'Espagne. D'autre part, le populisme pousse à interroger la nature même de la démocratie, en ce qu'il en incarne une dimension fondamentale mais souvent refoulée (l'expression de la volonté et l'exercice de la participation populaires), sans pour autant fournir des solutions durables à ce refoulement et tout en mettant à mal d'autres aspects centraux des démocraties modernes (la gestion quotidienne, institutionnalisée et pacifiée des conflits). En d'autres termes, peu regardant sur les contrepoids institutionnels essentiels à la culture démocratique, il permet cependant l'inclusion politique temporaire de secteurs populaires souvent ignorés (les *« sans-part »* de Jacques Rancière) et l'extension de leurs droits.

Le populisme qui prospère aujourd'hui en Europe est inséparable de la confiscation technocratique et intergouvernementale des décisions majeures à l'échelon européen. Toutefois, sa conception du pouvoir est susceptible d'éroder la culture démocratique et institutionnelle qui assure la stabilité du continent. La longueur des expériences populistes en Amérique latine n'est peut-être pas totalement étrangère à la difficulté d'y pérenniser une culture sereine de l'alternance démocratique et des garde-fous institutionnels. Néanmoins, il est à peu près certain que ce continent connaîtrait une répartition des richesses et des droits bien plus inégalitaires s'il n'avait connu ces expériences.

Enfin, on est en droit de se demander si des mouvements dont l'émergence est le symptôme du déclin de la vie démocratique de nos sociétés peuvent réellement constituer le traitement adéquat pour enrayer celui-ci. Sans reconstruire les groupes sociaux et le maillage associatif, sans retisser le lien social et réinventer une culture politique propre, sans procéder à une analyse systémique et rigoureuse des évolutions du capitalisme financiarisé, est-il véritablement possible de tracer une voie alternative à l'affrontement entre un néolibéralisme technocratique et sa transfiguration nationale-autoritaire ?

Loin des lieux communs sur le « raz-de-marée » ou la « tentation diabolique », le populisme pourrait être la clé de voûte d'une compréhension globale des évolutions politiques de notre temps. La réflexion spécifique sur la multiplication actuelle de mouvements populistes à succès dans les démocraties occidentales ne peut pas faire l'impasse sur le déclin du modèle de représentation démocratique qui a prévalu durant presque tout le XXe siècle, singulièrement durant les Trente Glorieuses. Fondé sur les conflits entre groupes sociaux aux intérêts contraires, incarnés par des partis politiques stables et des corps intermédiaires fortement structurés, cet ordre sociopolitique a laissé sa place à une nouvelle ère marquée par le déclin de ces corps intermédiaires, le délitement de ces groupes sociaux et des mondes organisationnels et idéologiques dans lesquels ils se structuraient.

Loin des lieux communs sur le « raz-de-marée » ou la « tentation diabolique », le populisme pourrait être la clé de voûte d'une compréhension globale des évolutions politiques de notre temps.

Dans ce nouveau contexte de fluidité politique accrue prolifèrent les acteurs capables de s'y adapter sur la base d'une communication directe, numérique, désintermédiée, orientée vers un électorat volatil et atomisé : les populistes. Le succès de ces acteurs politiques, qu'il soit perçu positivement ou négativement, signale un profond malaise au cœur du libéralisme contemporain, qui ne parvient plus à faire société, à générer du sens et à susciter des formes d'identification collective. Contre la *« haine de la démocratie[7] »* qui prévaut dans les cénacles d'une élite politique aux tendances toujours plus oligarchiques, le populisme dénonce un dévoiement de la démocratie et entend reconstruire un sens collectif. Il met ainsi la démocratie contemporaine devant un miroir déformant faisant apparaître ses défauts et son inachèvement : *« S'il y a parfois de l'indignation ou de l'inquiétude en Europe devant le développement du populisme,*

7 - Jacques Rancière, *La Haine de la démocratie*, Paris, La Fabrique, 2005.

il s'agit aussi d'avoir l'intelligence de son inquiétude, la science de son indignation et rejeter aussi bien le moralisme flou que le mépris hautain[8]. »

Ce dossier répond à une volonté de diffusion, de vulgarisation et de confrontation des différents points de vue sur le populisme. Il s'agit, en d'autres termes, de populariser les études sur le populisme. Ce projet poursuit en parallèle une ambition de traduction de travaux parfois mal connus dans l'espace francophone[9]. Les cloisons nationales (et les tentations chauvinistes) continuent d'exister et freinent la circulation des débats et des concepts. Nous espérons que ce dossier contribuera, à son échelle, à la libre circulation des idées, sachant que celle-ci prend toute son importance dans une époque où celle des capitaux et marchandises est assurée, et celle des personnes, violemment niée.

8 - Pierre Rosanvallon, « Penser le populisme », *La Vie des idées*, 27 septembre 2011.
9 - À noter toutefois l'excellent travail réalisé récemment en la matière, à partir d'affinités théoriques et normatives très différentes, par Pierre Rosanvallon (*Le Siècle du populisme. Histoire, théorie, critique*, Paris, Seuil, 2020) et Federico Tarragoni (*L'Esprit démocratique du populisme*, Paris, La Découverte, 2019).

La révolte de ceux du « bas »

Entretien avec Pierre Ostiguy

Pierre Ostiguy est professeur de science politique et relations internationales à l'université catholique de Córdoba (Argentine). Spécialiste du populisme et de l'Amérique latine, il a développé une approche socioculturelle du populisme. Son expertise est cruciale pour replacer le populisme actuel dans son histoire politico-intellectuelle, sortir des diagnostics eurocentrés et ainsi comprendre les spécificités politiques de l'Amérique latine.

Il semble que les démocraties occidentales soient en train de traverser un bouleversement politique interprété comme une « vague populiste ». Le phénomène est déjà bien connu dans d'autres parties du monde, en particulier en Amérique latine. Pensez-vous que la notion de populisme soit appropriée pour caractériser ces phénomènes récents ? Comment comprendre l'inflation sémantique à ce propos ?

Cela dépend de ce que l'on entend par populisme. En Amérique latine, il n'y a pas eu d'inflation sémantique particulière : le terme a toujours été beaucoup utilisé. Et les Américains sont un peu « isolationnistes » et ont davantage tendance à parler du « phénomène Trump » que de populisme.

En revanche, l'inflation est très claire en Europe. Le terme y renvoie souvent à des partis nativistes de droite radicale, mais je ne suis pas certain que les deux notions soient interchangeables. Son usage est toutefois justifié dans la mesure où le populisme tend à être anti-institutionnaliste (par opposition, par exemple, aux libéraux qui valorisent certaines procédures institutionnelles, ou encore même au marxisme, qui se concentre sur les relations socio-économiques institutionnalisées). À cet égard, dans le contexte européen, on ne peut pas séparer le populisme de la question de l'intégration européenne, caractérisée par un très haut degré d'institutionnalisation et une certaine insularisation face au contact populaire.

Ainsi, le réflexe anti-institutionnaliste tend à prendre une forme populiste dans le contexte européen.

Cependant, je croyais être assez sûr de ce qu'était le populisme jusqu'à ce que je séjourne récemment en Europe. Je me suis retrouvé tel un prêtre en crise de foi ! On tend à y regrouper sous une même étiquette des phénomènes fort différents politiquement, et on peut se demander si en Europe les concepts de gauche radicale et de droite nativiste ne sont pas plus adéquats pour caractériser une vague qui n'est pas uniforme, bien qu'elle partage une certaine hostilité à « l'ossification institutionnelle » qui caractérise le projet de l'Union économique et monétaire. Celle-ci semble avoir donné naissance à des réactions distinctes sur le spectre gauche-droite, et qui ne gagnent pas toujours à être dépeintes comme populistes. Sous l'étiquette de « populisme », on regroupe en fait deux réactions au projet européen : la réaction anti-institutionnaliste et la réaction nationaliste/nativiste.

Pourriez vous expliquer les principales caractéristiques de la politique péroniste et post-péroniste en Argentine, sa relation avec la théorie du populisme d'Ernesto Laclau et votre propre position ?

On ne peut pas parler de politique post-péroniste en Argentine. Le péronisme était officiellement au pouvoir en Argentine de 2002 à 2015[1]. À Córdoba, la deuxième province la plus importante du pays, les péronistes sont au pouvoir depuis vingt ans et le dirigeant provincial, éloigné politiquement des Kirchner, s'apprête à connaître un triomphe massif. Le péronisme est donc bel et bien vivant.

Il est caractérisé par la coexistence de plusieurs tendances qui vont (ou sont allées historiquement) de l'extrême gauche à l'extrême droite protofasciste, en passant par les camps modérés. De la même façon, l'antipéronisme va de la gauche marxiste à la droite libérale, en passant par le centre démocrate. Il y a donc, pour ainsi dire, deux spectres politiques gauche-droite. Qu'est-ce qui différencie systématiquement le péronisme de l'anti-péronisme, dès lors ? D'abord, le rapport aux institutions : le péronisme est un pouvoir personnalisé, tandis que les anti-péronistes démocrates sont généralement très sensibles à l'équilibre et à la division des pouvoirs. D'autre part, le péronisme a toujours été nationaliste dans

1 - Il vient de remporter de nouveau les élections nationales en octobre 2019 (N.D.L.R.).

sa rhétorique, autant à gauche qu'à droite, alors que les anti-péronistes regardent l'Europe comme modèle et sont plus cosmopolites. Enfin, il y a une façon de se comporter typiquement péroniste, « mal élevée », grossière, crue. Mais l'histoire du péronisme est complexe. Perón a adopté autant d'idéologies qu'il en existe. Il y a même une plaisanterie attribuée à Perón qui dit : « Quand tu veux tourner à droite, mets ton clignotant à gauche et tourne à droite ! »

Où situer Laclau et le kirchnérisme dans ce maelström ? Leur relation au péronisme est plutôt ambiguë : ils sont influencés par le péronisme des années 1970, de gauche nationaliste (et, dans le cas de Cristina Kirchner, par la figure d'Evita bien plus que celle de Perón), davantage que par le péronisme historique. Ce qui est particulier en Argentine, c'est que la jeunesse marxiste de la génération antérieure à celle de Laclau était animée d'un anti-péronisme véhément pendant le premier régime péroniste, entre 1945 et 1955. Elle voyait le péronisme comme une sorte de fascisme créole ; son analyse marxiste s'accommodait mal des aspects nationalistes et personnalisés du péronisme. Cependant, il ne fait aucun doute qu'en Argentine, la classe ouvrière est politiquement péroniste. Ce constat a marqué la génération suivante, celle de Laclau, qui a fini par considérer l'anti-péronisme de gauche comme une erreur, puisqu'il empêchait d'unir la classe ouvrière autour d'un projet révolutionnaire et de libération nationale.

Ce mouvement, c'est celui de la « gauche nationale », un courant politique auquel a appartenu Laclau à la fin des années 1960 et au début des années 1970. Ce courant a fleuri sur fond de popularité de la théorie de la dépendance, qui combine le marxisme et une composante nationaliste axée sur la décolonisation et l'anti-impérialisme. Dans le contexte international de la vague anticoloniale, le populisme devient l'incarnation locale de la « libération nationale » en Argentine et Perón (en exil) passe, pour la gauche, du statut de fasciste à celui de dirigeant libérateur. À la fin des années 1960, l'Argentine est devenue une dictature militaire de droite et la jeunesse universitaire, nourrie à la culture hippie et aux aspirations révolutionnaires, rêve d'un projet de libération nationale que Perón, peut-être avec cynisme mais aussi avec intelligence, encourage depuis son exil madrilène sous Franco afin de revenir au pouvoir. Il soutient une gauche péroniste armée afin de combattre le régime militaire, de déstabiliser le pays et d'apparaître aux yeux des militaires eux-mêmes comme le seul capable de gouverner l'Argentine. Mais une fois revenu en 1973, facilement élu président, il doit prendre parti entre, d'une part, la gauche péroniste – jeune, révolutionnaire, gauchiste – et, d'autre part, les syndicats péronistes traditionnels et une droite profasciste liée aux forces de police. Perón choisit les seconds contre la première. Donc, ce projet du « péronisme de gauche » des années 1970 est délégitimé par Perón lui-même, mais il n'en a pas moins marqué toute une génération entière : celle des Kirchner et de Laclau.

Je saute ici deux décennies importantes. L'Argentine est revenue à la démocratie en 1983. Durant les années 1990, un péronisme de droite, néolibéral, est au pouvoir, qui rappelle autant le style que l'orientation de Berlusconi. Mais ce modèle néolibéral s'écroule brusquement en 2001-2002 avec la pire crise économique de l'histoire d'un pays pourtant très habitué aux crises : tout s'écroule, les présidents démissionnent, la société se radicalise, le slogan *Que se vayan todos* fleurit. C'est l'année suivante, au début de 2003, qu'émerge Néstor Kirchner. Une fois élu président (avec peu de votes), il adopte une position de « gauche nationale » relativement radicale (du moins sur le plan symbolique), recevant entre autres la sympathie de Laclau, qui revient peu à peu vers ses racines latino-américaines après s'être longtemps concentré sur la vie académique européenne.

Le modèle très abstrait que Laclau développe (les concepts de chaîne d'équivalences, de signifiant vide, etc.) n'est en fait rien d'autre qu'une élaboration formelle et abstraite du cas de Perón en 1973 et de sa capacité à incarner toutes les aspirations – et aucune à la fois. Ma théorie du populisme provient aussi, génétiquement parlant, de l'étude du péronisme en Argentine et, plus largement, d'un certain populisme en Amérique du Sud. Mais si, pour Laclau, c'est Perón en 1973, pour moi, c'est plutôt Carlos Menem en 1988-1989, ainsi que Abdalá Bucaram en Équateur et Hugo Chávez au Venezuela, parce qu'ils exemplifient de façon spectaculaire le clivage socioculturel entre le haut et le bas.

Les approches du populisme varient fortement dans l'espace et dans le temps. Comment expliquez-vous ces différences ?

Historiquement, le populisme est vu de façon beaucoup plus positive aux États-Unis et en Amérique latine, comme un vecteur d'inclusion politique des milieux populaires. Sur le continent sud-américain, le populisme est associé à des régimes du second tiers du XXe siècle et au développement de l'équivalent « créole » de l'État-providence en Europe. Pour les populistes, si le peuple est conservateur, alors ils le sont aussi : ils se disent du côté du peuple *a priori*. Il s'agit d'une orientation populaire, et non d'une orientation idéologique spécifique. Le populisme est toujours associé sociologiquement aux milieux populaires, mais peut varier et évoluer considérablement, idéologiquement parlant.

En Europe, les choses sont différentes. Le continent a été dévasté par l'expérience du fascisme et de la guerre. Quiconque est attaché à la démocratie libérale et hostile au fascisme ne peut qu'être hostile au retour d'une forme spécifique de politique ethno-raciste. Cependant, puisque l'étiquette « populiste » est maintenant appliquée à des partis comme Podemos, Syriza, et le Mouvement 5 étoiles, peut-être qu'il perdra une partie de ses connotations absolument négatives… Mais il est clair que, dans tous les cas, la cause de ces conceptions divergentes, d'un espace géographique à l'autre, réside dans l'association du populisme avec une forme de proto-fascisme en Europe, et sa conception comme un mouvement *populaire* plus ou moins hétéronome dans les Amériques. Cependant, les choses ne sont pas statiques : la conception européenne gagne du terrain et devient de plus en plus hégémonique à travers le globe, quitte à susciter parfois de fortes incompréhensions.

Pensez-vous qu'il soit justifié d'appliquer une telle étiquette aux mouvements d'extrême droite de Trump, Bolsonaro, Le Pen, Salvini, etc. ?

Pour le meilleur ou pour le pire, la campagne de Trump était populiste (de droite, évidemment) : la vulgarité des manières, l'anti-politiquement correct, le côté mal élevé, les traits anti-institutionnels, nativistes, la personnalisation… Pour le reste, il faut réfléchir pays par pays : le Front national a toujours été un parti obsédé par la pureté et la sécurité, ancré à l'extrême droite et n'a été amené dans une direction populiste que récemment par Marine Le Pen. Je pense en revanche que la *Lega* est populiste.

Beaucoup de dirigeants de droite radicale ont certainement un style populiste dans leur façon de s'adresser au peuple, mais cela ne veut pas pour autant dire qu'ils portent un projet populiste au sens plein. Nombre d'entre eux semblent ne porter qu'un projet nativiste et xénophobe.

Dans les débats d'Amérique du Sud, je perçois Bolsonaro comme de droite radicale ou d'extrême droite. Son style est « bas », mais il ne s'agit pas d'une raison du vote en sa faveur (contrairement à Carlos Menem en 1989, par exemple) : il s'agit d'un vote à motivation très clairement anti-gauchiste et anti-Parti des travailleurs. Dans le contexte sud-américain, la sociologie de l'électorat de Jair Bolsonaro est clairement l'inverse de celle de tous les électorats de dirigeants populistes (les milieux populaires appuyant le Parti des travailleurs et les milieux aisés, Bolsonaro).

Quelle serait votre définition du populisme ?

Je définis précisément le populisme comme *une ostentation et une mobilisation antagoniste du « bas »*. L'élément le plus spécifique à mon approche, c'est l'ostentation, ce que j'appelle en anglais *the flaunting* ou *alarde* en espagnol, du « bas ». Cela renvoie à une espèce de fierté provocatrice concernant certains traits et comportements considérés comme moins acceptables et « socialement moindres » (à la Bourdieu).

La construction typologique du « bas » en politique est composée de trois éléments. Le premier est socioculturel : l'utilisation d'une certaine vulgarité, d'un langage grossier et/ou familier, de comportements désinhibés, par opposition à l'érudition, au raffinement et aux « bonnes manières ». Le deuxième est le « natif » : « ce qui vient d'ici » contre « ce qui vient de là-bas ». Par différence avec les nationalismes européens, les populismes de gauche aux Amériques présentent un « ici » comme étant exploité par le capital étranger et les grandes compagnies. Enfin, le troisième élément, c'est la personnalisation comme mode privilégié et explicite de décision publique. Je ne pense pas uniquement à la conception wébérienne qui oppose cette personnalisation à un mode de décision plus institutionnalisé et régulé, mais je le vois aussi comme une façon de créer du contact, du lien, un rapport affectif avec les gens. Par conséquent, le populisme est indissociable d'une figure forte capable de créer ce lien émotionnel, de proximité culturelle avec le peuple de « ceux d'en bas et d'ici ».

C'est cela, à mon sens, qui définit le mieux le populisme : la fière ostentation de ces éléments contre des opposants. Mais à ce prisme d'analyse du populisme comme « style politique », j'aime associer une approche du populisme comme clivage. Il y a certes une dimension théâtrale extrêmement importante dans le populisme : le populiste est un *showman*. Hugo Chávez chante, danse, récite des poèmes. Mais le populisme, c'est aussi l'expression d'un certain clivage social entre un milieu populaire local et ce qui est défini socio-politiquement comme son « autre », qu'il s'agisse de l'oligarchie proche de l'étranger, de la classe moyenne supérieure blanche en Amérique latine, des immigrants et des musulmans en Europe. Cet « autre » peut prendre bien des formes, mais il a toujours quelque chose à voir avec la différenciation sociale. Le populisme n'est donc pas qu'un cirque grotesque, c'est aussi l'expression d'une douleur ressentie par certains milieux sociaux qui se sentent délaissés, abandonnés, laissés pour compte. Le populisme part de l'absence de prise en compte de certaines souffrances, matérielles ou autres, et/ou d'un certain orgueil blessé, et crée l'identification à partir de la reconnaissance de celles-ci ou de celui-ci.

En Europe, la définition de Cas Mudde semble hégémonique, mais je ne comprends pas l'idée d'une opposition entre un « peuple pur » et des « élites corrompues ». En Amérique latine, les gens du peuple ne sont pas des exemples d'intégrité éthique (ni ne se voient comme tels), et les politiciens populistes sont autant sinon plus corrompus que les non populistes. Il me semble que Cas Mudde a mobilisé des critères bien spécifiques à la droite radicale européenne et les a appliqués trop rapidement au reste de la planète. Je me sens plus proche de l'approche de Laclau, même si elle comporte ses limites. La première est qu'il s'intéresse trop peu au populisme au pouvoir. Son populisme est toujours une chaîne d'équivalences construite dans l'opposition. Or, en Amérique latine, nous avons depuis bien longtemps des administrations ou des gouvernements populistes qui traitent les demandes sociales qu'ils reçoivent. De plus, la vision de Laclau est anti-sociologique, car elle identifie la sociologie – à tort, à mon sens – avec une sorte de marxisme de la vieille école, collant avec son virage postmoderne. Je reste persuadé qu'il y a des traits sociologiques « réels » (par exemple, des différences de niveaux de vie) à comprendre dans leur interaction avec le discours sur le sens. Le discours est en grande partie constitutif de la réalité sociale, mais il ne peut pas la créer *ex nihilo*. Certains discours, pour le dire en québécois, *pognent* et d'autres ne *pognent* pas. Et cela dépend d'éléments extra-discursifs.

Quant à la vision du populisme comme démagogie et opportunisme, il s'agit d'une perception du « haut », qui ne cherche pas à comprendre à quel type de demandes le populisme répond, et les disqualifie *a priori* sous prétexte qu'elles seraient mal inspirées, illégitimes ou erronées. En général, l'approche libérale, qui est très défensive, s'interdit de comprendre les raisons du succès du populisme.

Enfin, il y a la définition du populisme comme mode d'organisation spécifique, lâche, caractérisé par une relation directe et sans intermédiaires entre le dirigeant et la base. Pourtant, les travaux portant sur le populisme des années 1930 et 1940 en Amérique latine montrent que celui-ci était précisément défini par une forte organisation de masse encadrée : le Parti justicialiste (péroniste) en Argentine, le Parti de la révolution mexicaine de Cárdenas, l'Alliance populaire révolutionnaire américaine au Pérou, etc. Si le populisme est un certain type d'organisation, il ne peut pas être à la fois une structure forte et une structure faible, cela ne tient pas. Même à soutenir, comme le fait très justement Ken Roberts, que la variation dans le type ou niveau d'organisation dépend du niveau de confrontation politique généré par le mouvement, il n'en demeure pas moins que le niveau d'organisation ne peut pas constituer un trait définitionnel du populisme.

En Amérique latine, la « vague rose » (les mouvements de gauche populiste arrivés au pouvoir au début des années 1990 et 2000) semble connaître un certain reflux. Comment expliquez-vous le relatif échec de ces régimes et le retour de bâton néolibéral ou conservateur qu'on observe à présent ?

La « vague rose » latino-américaine n'était pas composée que de gouvernements populistes : Lula au Brésil, José Mujica en Uruguay, Fernando Lugo au Paraguay. On peut aussi y rattacher le premier gouvernement de gauche de l'histoire du Guatemala et la première victoire du Front Farabundo Martí de libération nationale au Salvador en vingt-cinq ans. Au sein de la « vague rose », seule une bonne moitié était populiste.

Bien sûr, le Venezuela est un échec, mais la Bolivie a constitué un succès sur le plan socio-économique quant à la situation des milieux populaires, et en Équateur ou en Argentine, c'est discutable. En ce qui concerne la rente, au-delà d'une gestion déraisonnable, il est normal que le régime du Venezuela ait fonctionné sur la distribution de la rente pétrolière, de loin la principale source de revenu du pays. En Argentine, le régime a utilisé la rente du soja (et du blé) pour créer des programmes sociaux. Ce qu'ils ont fait n'est pas tellement éloigné de la construction des États-providence en Europe dans l'après-guerre, si ce n'est que les ressources utilisées n'étaient pas les mêmes et que l'extension universelle fut moindre. Au lieu de fonder cette construction sur la taxation des revenus, ils ont utilisé les prix élevés des biens d'exportation. C'est une source de revenus moins fiable, puisque le prix de ces exportations peut varier, mais les réalisations sont tout de même là. En Bolivie, la gestion d'Evo Morales, un membre de la communauté indigène lié à la gauche radicale militante, est parvenue à améliorer significativement les conditions de vie des milieux populaires en utilisant la rente fournie par les ressources naturelles, tout en maintenant un équilibre budgétaire. Il ne fait aucun doute que la vague rose, durant son apogée, a considérablement amélioré la qualité de vie des milieux populaires en Amérique latine.

Parler d'échec de cette vague rose dans son ensemble me paraît exagéré et prématuré. La vague rose a été au pouvoir pendant environ quinze ans : la fatigue s'installe, la corruption aussi, et un désir d'alternance se manifeste. En Argentine, un gouvernement libéral l'a emporté en 2015 et a cherché à renverser la politique qui avait caractérisé la période kirchnériste, mais l'application des recettes néolibérales ne semble pas particulièrement bien fonctionner, à tel point que tous les sondages donnent Cristina Kirchner gagnante aux élections d'octobre[2]… Il y a une forme d'alternance bien naturelle au bout de quinze ans d'exercice du pouvoir, mais elle ne produit pas de résultats très convaincants et les populistes et/ou les « roses » peuvent revenir au pouvoir rapidement même s'il s'agit de nouveaux visages et de nouvelles formes.

Les interprétations de la conjoncture latino-américaine relèvent d'un certain « exotisme » dans le regard européen. Pour les Amériques, le populisme est un phénomène habituel, il ne représente pas une rupture au même titre qu'en Europe. Il faut plutôt concevoir le populisme latino-américain et sa version de la « vague rose » comme l'équivalent de la gauche européenne à l'époque des Trente Glorieuses. Il s'agit d'une force politique parmi d'autres dans l'arène politique. Le meilleur parallèle à cet égard, c'est l'Italie de l'après-guerre, partagée entre le communisme

2 - De fait, le Frente de Todos, péroniste-kirchnériste, a aisément remporté les élections nationales d'octobre (N.D.L.R.).

et la démocratie chrétienne. C'était un clivage profond, chargé d'animosité, mais le communisme faisait partie du tableau. La relation entre le populisme et ses opposants en Amérique latine est comparable : ils se détestent, mais sont habitués l'un à l'autre.

Votre approche du populisme le présente comme le produit d'un axe d'opposition vertical, qui recouperait les clivages traditionnels, horizontaux, à l'instar du clivage gauche-droite. Est-ce que cela invalide l'opposition entre le populisme de gauche et le populisme de droite ?

Comme l'explique Jean Laponce, la gauche et la droite ne sont respectivement que le « bas » et le « haut » qui auraient subi une rotation de 90 degrés. La gauche défendrait les subalternes (salariés, jeunes, immigrants, etc.), la droite défendrait les riches, les puissants et Dieu tout-puissant. Dans la mesure où l'axe gauche-droite représente des classes sociales en conflit, c'est également un axe « vertical ».

En fait, je n'ai qualifié le populisme comme défini par un axe « vertical » que pour m'assurer qu'il soit considéré comme un produit politique orthogonal à l'axe gauche-droite. Le populisme, comme le clivage gauche-droite, peut tout à fait incarner l'opposition sociale entre gens aisés et « petit peuple ». La véritable spécificité de mon approche, c'est que les différences sociales entre le « haut » et le « bas » sont des différences d'ordre socioculturel, liées au capital culturel établi. Des combinaisons empiriques peuvent donc se créer, correspondant à chacune des quatre possibilités logiques : une gauche haute (de type gauche socialiste française, éduquée, qui n'a plus de racines dans les banlieues ou dans les milieux ouvriers mais qui croit à certains principes, tels que l'égalité, la laïcité, la République) ; une droite libérale haute (les exemples sont nombreux) ; une gauche basse (comme Hugo Chávez) ; et enfin une droite basse (par exemple incarnée par Donald Trump ou Umberto Bossi).

La gauche intellectuelle, livresque, marxiste, est mise au défi devant la différenciation « haut »/« bas ». Deux options se présentent aux gens de gauche. Ils peuvent décider d'aller vers le « bas », devenir aussi plébéiens et rustres que possible, se rapprocher des masses pour s'assurer que celles-ci restent à gauche ; c'est ce que je préconise en Amérique du Sud. L'autre option, c'est de s'offusquer de l'utilisation démagogique du « bas » en politique et de s'attacher à conserver une position puriste. C'est ce qui se passe en Europe, et c'est pour moi une erreur politique considérable. Au niveau stratégique, afin d'occuper une position hégémonique dans les classes subalternes, il est essentiel en Europe que la gauche devienne plus « basse », qu'elle (re)devienne une gauche populaire.

Une gauche capable de récupérer le « bas » pourrait donc revalider l'axe gauche-droite. L'un des pays qui a le plus erré à ce sujet, c'est la France : le Parti socialiste est devenu un parti de classes moyennes, progressistes, bien éduquées, tandis que le Parti communiste à la Marchais, qui avait une présence syndicale et ouvrière solide, s'est désintégré avec la fin de la guerre froide. Le Front national a intelligemment commencé à s'insérer dans les milieux des laissés-pour-compte, par le bas.

Certains auteurs considèrent le populisme comme une menace pour la démocratie en raison de sa nature anti-pluraliste et illibérale. D'autres y voient plutôt un symptôme du déclin de la démocratie des partis et des corps intermédiaires. Enfin, certains auteurs y voient une manière « rédemptrice » de radicaliser la démocratie en donnant la parole aux milieux marginalisés de la société. Quelle est votre position dans ce débat ?

La question que j'ai envie de poser est la suivante : le populisme n'est-il pas le signe de la transformation de la politique du XXIe siècle ? La vision défendue par Peter Mair et d'autres est liée à une compréhension de la politique liée au XXe siècle. Mais peut-être qu'au XXIe siècle, nous n'avons plus vraiment besoin de ces grandes organisations partisanes et que les corps intermédiaires, tels que les Églises de quartier et les syndicats, jouent un rôle moindre qu'auparavant.

Sur le plan de l'organisation politique et des mouvements sociaux, certes Internet et les différents médias sociaux semblent un instrument important de rassemblement, de diffusion de messages et, dans certains cas, de mobilisation. La plus grande prépondérance de l'audiovisuel sur l'écrit, l'utilisation excessive de Twitter par Trump, de Facebook par Salvini, favorisent sans aucun doute la personnalisation populiste du politique. Le populisme comme forme et style serait dans l'air du temps, et ces bons vieux partis de masse seraient des reliques du XXe siècle. Ce n'est peut-être pas forcément le symptôme de quelque chose de négatif, mais de la simple évolution du monde.

L'auteure dont je me sens le plus proche (et qui m'a beaucoup influencé) est Margaret Canovan, en particulier sa notion selon laquelle la démocratie aurait une face rédemptrice et une face pragmatique. L'Europe a grandement besoin de rédemption : le projet européen était une belle utopie d'internationalisme, de paix et de coopération, mais a pris une tournure extrêmement ossifiée, bureaucratique et impopulaire. L'Amérique latine, quant à elle, semble toujours en recherche de rédemption ! Quant aux libéraux qui estiment que cette dimension rédemptrice n'est que pure démagogie, ils craignent le peuple.

Si vous me demandez de prendre position, je me perçois du côté du « peuple », ou du moins du populaire, bien qu'« il » puisse avoir tort, être « stupide », pas toujours brillant, etc. Je trouve l'approche libérale incroyablement défensive et quelque peu élitiste, pour ne pas dire paranoïaque à certains égards. J'aime la présence publique « charnelle », les revendications et même les désordres populaires, toujours susceptibles de dérailler, il est vrai. Mais il n'y a pas de « rédemption modérée », il faut choisir ! Le danger que pointent les libéraux est certainement en partie réel, mais leur position défend le *statu quo* et n'ouvre pas de perspectives d'émancipation. Je la trouve élitiste et quelque peu méprisante à l'égard du peuple. Je préfère donc me situer de l'autre côté, avec ses risques.

L'erreur que commet la gauche européenne quand elle cherche à comprendre le populisme latino-américain, c'est qu'elle lui reproche de ne pas être pleinement socialiste, alors qu'il ne prétend pas l'être ! On n'accorde pas suffisamment d'attention aux manières de faire et d'être des populistes, alors même qu'il s'agit d'un aspect crucial de leur succès. En guise de provocation, je dirais même que Mélenchon me semble très cultivé pour un populiste de gauche. La gauche devrait se sentir moins nerveuse face à l'aspect émotionnel de la politique, face à la colère par exemple. Les Gilets jaunes sont fâchés. Chávez, lui aussi, est fâché… et ça fonctionne. Il y a une espèce de distanciation vis-à-vis des émotions, de la part d'une certaine gauche, qui me paraît contre-productive.

Il n'y a pas de « rédemption modérée », il faut choisir !

Propos recueillis par Arthur Borriello et Anton Jäger le 9 mai 2019

Le peuple et les experts

Entretien avec Christopher Bickerton

Christopher Bickerton est professeur à l'université de Cambridge. Spécialiste de l'intégration européenne, il s'intéresse également à l'émergence du techno-populisme. À l'heure où les partis populistes prospèrent aux quatre coins de l'Europe, son regard permet de mettre ce phénomène en relation avec l'intégration européenne et le déclin de la démocratie des partis.

La notion de populisme est-elle appropriée pour désigner les développements politiques récents ?

Cela ne me surprend pas qu'un mot comme « populisme » ait tellement de succès, parce qu'il est vrai que nous vivons une époque politique particulière. S'il se passe « quelque chose », il est naturel que l'on essaie de nommer cette « chose ». Pour différentes raisons, le populisme est devenu le terme pour nommer cette « chose » qui se passe. Le problème, c'est qu'on n'est pas toujours d'accord sur ce qui est exactement en train de se passer. Pour cette raison, il y a tout un tas de débats autour de la notion de populisme. Personnellement, je suis assez ouvert à l'idée d'utiliser ce terme, et il faut être précis quand on le fait.

Le concept de populisme qu'on utilise généralement comporte deux éléments. D'une part, il y a un élément discursif : la façon dont certains politiques s'expriment, en particulier leur discours de légitimation (ce à quoi ils se réfèrent exactement pour se légitimer, pour légitimer leur autorité, leur pouvoir). Sur ce plan discursif, le populisme utilise le concept du peuple pour renforcer l'autorité du personnage politique. Un discours autour de l'idée du peuple crée un clivage entre le peuple et ce que l'on appelle en anglais l'*establishment*, l'élite politique, et considère que c'est là le clivage principal.

Il y a aussi une dimension organisationnelle ou institutionnelle du populisme, la façon dont les partis et mouvements politiques se structurent, que l'on pourrait décrire comme une personnalisation du pouvoir. C'est la tentative de créer un rapport direct entre un personnage politique et ses soutiens, le public, un rapport beaucoup plus personnel que celui qui existe dans les partis politiques traditionnels, où le parti se situe entre le dirigeant et le public. Rapport personnel donc, et tendance à déployer des stratégies que l'on pourrait qualifier de « plébiscitaires », des consultations du public qui visent à renforcer l'autorité du dirigeant. Si l'on met ensemble la dimension discursive et la dimension organisationnelle, on commence à avoir une idée plus précise de ce que représente le populisme.

Comment interprétez-vous la montée des populismes dans le contexte de l'intégration européenne ?

L'Union européenne (UE) manifeste un rapport entre les États membres, mais aussi la nature même des États membres. J'ai toujours été sceptique vis-à-vis de cette idée selon laquelle l'UE existe quelque part – à Bruxelles, en particulier – sous forme d'institutions supranationales séparées et qui s'imposent à la vie des États. À certains égards, il y a une séparation puisqu'il existe bien des institutions, mais quand on essaie de déterminer l'autorité de ces institutions, leur manière de s'imposer vis-à-vis des États membres, on trouve finalement les États membres, qui s'imposent à eux-mêmes certaines réglementations et certaines lois. Tel est le fonctionnement de l'UE. Pour comprendre ce que représente l'UE, il faut donc commencer par comprendre les États membres eux-mêmes, et la manière dont ils se sont transformés.

Pourquoi avons-nous en Europe une multitude d'États qui cherchent à s'imposer certaines contraintes, à s'autolimiter pour ainsi dire ? Après tout, à l'échelle européenne, le pouvoir d'imposer cette contrainte aux États membres n'existe pas : ni en termes de pouvoir exécutif, ni en termes de monopole de la violence.

La réponse se trouve dans le rapport entre les gouvernements et leurs citoyens. Pendant longtemps, dans le cadre de l'État-nation classique, ce rapport a consisté en une relation de représentation : l'autorité du gouvernement provient essentiellement de sa capacité à représenter une certaine partie de la population. Par ailleurs, au cours du XXe siècle, cette forme de représentation s'est concentrée dans les partis politiques, créant ce qu'on appelle le « régime des partis » ou la « démocratie des partis ».

Pour comprendre l'autorité et l'importance de l'UE, il faut commencer par analyser la dégradation de ce régime de représentation par les partis. À partir du moment où des dysfonctionnements apparaissent entre les citoyens et le gouvernement, ce dernier ne peut plus dépendre entièrement, dans sa façon de se légitimer et d'établir son autorité, de sa base sociale. Il cherche alors à identifier d'autres sources de légitimation. Dans ce contexte de blocage face aux besoins de transformations sociales qui émanent de la société, la possibilité de coopérer à l'échelle européenne – qui permet aux exécutifs de prendre des décisions collectives et de les imposer ensuite *de facto* à leur population – devient un nouveau mode de gouvernance. Celui-ci ne remplace pas le modèle de l'État à l'échelle nationale, mais facilite le travail de l'exécutif, qui ne se positionne plus seulement dans un rapport de représentation avec la société, mais aussi dans un rapport de confrontation avec celle-ci.

Avec le développement de l'UE et l'expansion des domaines qui sont touchés par le processus d'intégration, on voit émerger un certain modèle où les politiques publiques sont décidées de plus en plus à l'échelle européenne, tandis que les structures politiques de représentation demeurent à l'échelle nationale. Une tension se crée ainsi entre l'échelle nationale de la politique *(politics)* et l'échelle européenne de politiques publiques *(policies)*.

Alors que l'UE trouve son origine dans cette transformation des rapports entre les citoyens et le gouvernement à l'échelle nationale, elle devient à un moment une contrainte objective pour renouer les rapports entre les citoyens et les gouvernements. Or, s'il n'existe pas d'instances qui permettent de donner une nouvelle vie à l'idée de démocratie participative et représentative à l'échelle européenne – au Parlement ou ailleurs –, les rapports entre citoyens et gouvernement se renouent à l'échelle nationale, mais à un moment de confrontation avec ce qui se passe à l'échelle européenne. On observe, dans ce qu'on appelle « l'époque du populisme », une politisation à l'échelle nationale, qui entraîne des confrontations avec l'échelle européenne. Mais pas toujours ! Si l'UE est essentiellement un espace d'action collective d'acteurs nationaux, alors il est tout à fait possible (et on le voit en ce moment) que, lorsque l'espace politique national devient dominé par des mouvements, groupes ou leaders populistes, ceux-ci s'organisent à l'échelle européenne. L'une des ironies de l'intégration européenne, c'est qu'elle a permis à des acteurs que l'on suppose généralement eurosceptiques, les populistes, de s'organiser beaucoup mieux que les pro-européens. L'activité transnationale des acteurs populistes est en effet beaucoup plus avancée que celle d'autres familles politiques.

Cependant, si l'on veut chercher l'origine du populisme en Europe aujourd'hui, il faut d'abord étudier la dégradation du régime de la représentation des partis à l'échelle nationale. Le populisme ne fait pas référence à une quelconque idéologie politique, mais à l'autorité qui vient du peuple dans son ensemble. Il a donc ses origines dans cette dégradation au niveau national, même s'il existe un effet de concentration à l'échelle européenne. L'avenir de l'UE sera fortement déterminé par le rapport entre deux tendances, le populisme et la technocratie.

Comment caractériseriez-vous la relation entre le déclin des formes traditionnelles de représentation et la montée en puissance des mouvements populistes ?

Le champ politique traditionnel, qui s'est imposé dans le courant du XIXe siècle et au début du XXe siècle, est déterminé par certaines traditions politiques, certaines idéologies politiques en particulier. Pour simplifier, la gauche et la droite sont devenues les deux pôles structurants de ce champ politique, représentés par des partis. Or, pour différentes raisons, l'espace politique aujourd'hui en Europe est recouvert par un second champ, que j'appelle « techno-populiste ». Dans ce champ, au lieu d'avoir la gauche et la droite, nous avons le populisme d'un côté, entendu comme discours de légitimation par référence à la volonté du peuple, et la technocratie de l'autre, entendue comme un discours de légitimation par référence à l'autorité des experts, du savoir, qui renvoie à une conception épistémique de l'autorité démocratique. Le champ politico-idéologique traditionnel n'a pas entièrement disparu, mais il entretient des rapports complexes avec ce nouveau champ techno-populiste. Dans certains cas, on a l'impression que le langage de gauche et de droite n'a plus de sens. Certains mouvements et partis, ceux qui incarnent les versions les plus « pures » du techno-populisme, affirment clairement que gauche et droite

Certains mouvements et partis, ceux qui incarnent les versions les plus « pures » du techno-populisme, affirment clairement que gauche et droite ne veulent plus rien dire, et s'identifient plutôt par référence au pouvoir des experts ou à l'autorité du peuple.

ne veulent plus rien dire, et s'identifient plutôt par référence au pouvoir des experts ou à l'autorité du peuple.

L'effritement du champ idéologique traditionnel est complexe. Pour l'expliquer, il faut sans doute faire intervenir une dimension externe : l'ouverture des marchés nationaux et la concurrence très intense, qui ont tendance à rendre plus difficile le travail d'une gauche traditionnelle, qui suppose de maîtriser les frontières nationales par rapport à la vie économique. Il faut aussi intégrer une dimension géopolitique : l'idée de gauche et de droite correspondait au XXe siècle à un conflit entre différents systèmes, qui était l'essence de la guerre froide. Avec la fin de la guerre froide, il n'existe manifestement plus de modèle alternatif à une société fondée sur les rapports du marché, ce qui rend le clivage gauche/droite moins pertinent. Il faut encore mentionner l'histoire de la classe ouvrière et de ses représentations et formes d'organisation, surtout syndicale : la dégradation, voire la destruction, de ce modèle corporatiste qui permettait aux syndicats d'avoir un rôle dans le processus de décision sur les enjeux macroéconomiques. Tout cela explique l'effritement du champ idéologique traditionnel et la montée en puissance d'un nouveau champ.

L'idée du techno-populisme, c'est de faire désormais référence à des abstractions. Le peuple dans son ensemble, sans définition sociale précise, correspond par exemple à la disparition d'un acteur concret, la classe ouvrière. L'idée de l'expertise, du savoir, de l'autorité et du pouvoir des experts, est aussi très abstraite. On assiste donc à une transition vers un champ politique plus abstrait, moins défini socialement. La société est moins différenciée : il y a simplement le monde des individus et ces abstractions, le peuple et l'expert.

Qui sont les acteurs emblématiques de ce nouveau paradigme techno-populiste ?

Avec Carlo Invernizzi Accetti, nous parlons d'*« explosion techno-populiste*[1] *»*. Nous avons élaboré une typologie en identifiant trois mouvements emblématiques de trois variétés du techno-populisme. Le premier, c'est celui du Parti travailliste britannique entre 1997 et 2010, ce que l'on a appelé à l'époque le *New Labour* : c'est le techno-populisme qui se manifeste à travers la transformation du parti politique, en l'occurrence un parti assez classique

1 - Carlo Invernizzi Accetti et Christopher Bickerton, *Techno-populism: The New Logic of Democratic Politics*, Oxford, Oxford University Press, à paraître.

de la gauche, qui a un siècle d'existence. Le deuxième, c'est le Mouvement 5 étoiles en Italie, en particulier l'époque de Beppe Grillo et les premières années du mouvement : c'est le techno-populisme de la base, des soutiens. C'est l'idée que les militants sont les porteurs d'un savoir particulier, qui a une importance politique. Le citoyen ordinaire est interpellé non pas comme citoyen, mais comme quelqu'un *qui sait quelque chose*, qui a des capacités cognitives particulières. Le troisième, c'est Emmanuel Macron en France et son mouvement En marche : c'est le techno-populisme d'en haut, la manifestation du dirigeant comme celui qui propose des solutions *(problem solver)*, qui traduit les désirs du peuple en actions.

Après, on peut étendre le concept de techno-populisme à de nombreux cas. Les débats sur le néopopulisme du début des années 1990 en Amérique latine (Menem en Argentine ou Fujimori au Pérou) font référence à une relation, jugée assez surprenante à l'époque, entre les populistes et le néolibéralisme. Quand on lit ces études de près, on se rend compte que le néolibéralisme est représenté par des experts. Même en sortant de la vague néopopuliste, Correa en Équateur, par exemple, a été décrit comme un techno-populiste. Mais dans son cas, il s'agissait d'une proximité avec les experts critiques du néolibéralisme, qui proposaient une autre vision de l'économie, mais toujours en tant qu'experts.

En ce qui concerne l'Europe, nous nous intéressons beaucoup à la République tchèque, où un personnage politique que l'on appelle « Babisconi » incarne une version tchèque de Berlusconi. Son mouvement s'appelle le mouvement des citoyens « mécontents » et son discours mêle des références à ses capacités en tant qu'expert, en tant qu'homme d'affaires, et un rapport direct avec le peuple. Aux États-Unis, Trump incarne cette forme de techno-populisme qu'on trouve chez Macron : à la fois ce rapport direct avec le peuple et cette capacité de trouver des solutions à tout, là où les autres présidents n'ont pas pu le faire. Mais il y a aussi chez Trump la dimension du populisme national. Le techno-populisme nous permet d'appréhender certains aspects du national-populisme qui ne sont pas bien compris.

Le populisme est-il une menace, un symptôme ou un traitement possible pour la démocratie ?

Si l'on veut prendre position, il faut le faire par rapport à un certain contexte, donc j'hésite à trop généraliser. Cela dit, je suis toujours méfiant vis-à-vis de ceux qui critiquent trop vivement le populisme, parce que j'ai le sentiment qu'on utilise le mot pour décrire quelque chose qu'on n'aime pas, tout simplement. C'est une façon de dénoncer son interlocuteur et de le discréditer lorsqu'il défend une conception relativement directe de la démocratie ou qu'il s'engage à honorer des positions prises vis-à-vis d'une partie tendanciellement exclue de la société. En réalité, le populisme est avant tout une façon de faire entrer un groupe dans la politique, alors qu'il en avait été longtemps exclu.

En même temps, d'un point de vue strictement intellectuel, je me situe plutôt du côté de ceux qui décrivent le populisme comme un symptôme. Si on considère la vie politique organisée autour de la représentation de certains corps intermédiaires – les partis politiques, mais aussi toutes les identités sociales qui s'expriment et qui s'organisent – et régie par des règles d'interaction entre ces groupes, alors le populisme est le symptôme de la disparition de cette capacité d'organiser la société autour de conflits entre acteurs sociaux qui s'autodéfinissent. C'est le symptôme d'un individualisme croissant de la société, du déclin de ces formes collectives d'organisation et de représentation. L'appel au peuple est un appel à une abstraction. Mais historiquement, le peuple faisait aussi référence à quelque chose de très concret : des acteurs collectifs identifiables se réclamaient du peuple et un pluralisme s'établissait. Désormais, il n'y a plus cette dialectique entre le concret et l'abstrait : nous avons l'abstraction sans la forme concrète. Et c'est là le problème. Le populisme est le symptôme du déclin d'un élément essentiel à la vie politique : l'emploi par des acteurs particuliers de concepts universels.

Le populisme de gauche représente-t-il un phénomène intéressant du point de vue stratégique ?

À mon avis, il y a quelque chose de contradictoire dans cette expression de populisme de gauche. La tradition politique de gauche a ses origines dans l'organisation de la société autour d'un mouvement de personnes, avec des objectifs, des rapports entre elles-mêmes et leur place dans l'ensemble de la société. C'est une construction très concrète du social. Si on conçoit le populisme comme une façon de mobiliser l'aspect général de la politique (l'abstraction du peuple) sans se rapporter au concret, faire une « gauche populiste » revient à faire quelque chose qui ne s'inscrit pas dans la tradition politique de la gauche telle que je l'entends. Et à mon avis, c'est une erreur, parce que c'est une politique de généralité, qui ne peut pas apporter de réponse à des exemples de conflit concret ou à des questions politiques concrètes. Par exemple, qu'est-ce qu'une stratégie populiste de gauche en termes d'intervention dans le contexte d'une crise économique ?

Avec Podemos en Espagne, on a vu que, quand on commence à s'engager en politique, on perd l'aspect populiste parce qu'on commence à se définir d'une manière plus précise. Les difficultés qu'a vécues Podemos tiennent au fait que, d'un côté, le mouvement était poussé à renouer avec une tradition idéologique de gauche non populiste, avec ses analyses concrètes de lutte des classes, et que, d'un autre côté, il était tenté de maintenir cette idée du populisme et du peuple comme un espace qui peut être rempli. On a vu le conflit entre les deux tendances, qui ont essayé de rester ensemble, mais sans succès.

Aujourd'hui, ces tensions sont également présentes en Grande-Bretagne. Le pari populiste du Brexit a été plutôt pris par la droite, avec la création d'un nouveau parti du Brexit. Mais on reconnaît le même problème : on peut faire appel au peuple en général pour exprimer la volonté de sortir de l'Union européenne, mais cela ne suffit pas à déterminer toutes les décisions nécessaires pour réaliser le Brexit. Dans le cas du parti du Brexit, on se tourne donc vers la tradition politique de droite, sur l'immigration par exemple.

Alors, c'est une contradiction de parler d'un populisme de gauche, mais c'est aussi une erreur stratégique. En effet, cela veut dire qu'on ne peut pas vraiment prendre position sur des questions très concrètes de la vie politique. Pour cela, il faut une tradition avec des principes normatifs précis, qui permettent de trancher sur ce que l'on doit faire concrètement, surtout sur les questions d'économie politique. Ces dernières sont en effet la grande faiblesse de la gauche depuis quarante ans, sans alternative à la mondialisation. Ce n'est pas un populisme de gauche qui trouvera les réponses. Cela requiert un travail beaucoup plus précis, qui fait référence à des acteurs sociaux très concrets, à une dimension organisationnelle de la société, qui échappe au populisme de gauche.

Propos recueillis par Arthur Borriello et Anton Jäger le 30 avril 2019

Le populisme au pouvoir

Entretien avec Nadia Urbinati

Nadia Urbinati est professeure à l'université de Columbia. Théoricienne de la pensée politique contemporaine, elle est connue pour sa réflexion sur la démocratie et le libéralisme. Sa connaissance du populisme et de la vie politique italienne en fait une interlocutrice de choix pour analyser les enjeux de l'alliance populiste entre le Mouvement 5 étoiles et la Ligue en Italie.

Que pensez-vous du populisme au pouvoir en Italie ? Confirme-t-il vos craintes quant au danger que représente le populisme pour la démocratie ?

Le populisme au pouvoir présente toutes les caractéristiques que nous observons en Italie. En premier lieu, il a une vision possessive des institutions et des procédures de gouvernement. Je pense en particulier à la Ligue et au ministère de l'Intérieur, qui occupe une position importante dans les rapports avec les institutions, l'État et les citoyens, mais même le Mouvement 5 étoiles propose des solutions au profit d'une partie de la population et au détriment d'autres.

La Ligue et le Mouvement 5 étoiles ont démontré en peu de mois qu'ils ont une conception qui entre en tension avec les principes de la démocratie constitutionnelle. Avant tout, parce qu'ils considèrent – et cela vaut surtout pour la Ligue, car Salvini tient le ministère de l'Intérieur qui est actuellement l'unique ministère visible – que les droits et la loi valent uniquement pour les Italiens. C'est l'idée qu'il n'existe pas de droits humains universels, mais bien des droits qu'une nation décide de défendre, de protéger et de posséder pour elle-même. Il y a donc une nette séparation entre la souveraineté populaire (ou nationale) et l'idée d'humanité à l'intérieur de laquelle la première était jusqu'alors conçue – la Déclaration universelle des droits de l'homme se fonde précisément sur cette interaction entre nation et humanité, entre droits humains et droits de l'individu-citoyen. À présent, pour qui vient d'un pays tiers et n'est pas citoyen de notre pays, le gouvernement populiste italien considère qu'il peut être l'objet d'un traitement discriminatoire, dépouillé de ses droits fondamentaux, pour la simple raison qu'il n'est pas italien. Cette question, qu'on pourrait être tenté d'appeler « nationaliste », est surtout le fruit d'une vision, typique du populisme, de la démocratie comme « possession de la majorité ».

D'autres ministères ont été institués par ce gouvernement, à l'instar du ministère de la Famille – il n'existait pas avant, du moins pas séparément du reste du social, des droits sociaux, de la santé, de l'enseignement, etc. Désormais, au nom de la famille, on tente de modifier certains droits qui ont été obtenus à partir des années 1970. Le dernier en date concerne les unions civiles de couples homosexuels. Ou encore le rapport entre père et mère dans l'éducation des enfants – par exemple, la question de savoir si le père doit disposer d'un congé de paternité au même titre que la mère – ou la limite au delà de laquelle une femme enceinte ne peut plus travailler. On constate donc des interventions sur les normes au nom d'une conception morale ou religieuse qui contredit complètement le principe d'égalité et l'attention aux besoins individuels.

L'autre élément important relève non des institutions, mais de l'utilisation du langage et du discours public. Qui détient le pouvoir – surtout Salvini dans le cas italien – utilise les médias et les réseaux sociaux à des fins de propagande et de campagne électorale permanente, à travers le recours à un langage offensif, dénigrant, qui a pour objectif premier de rabaisser l'opposition, dans son état d'esprit et son estime de soi. Par l'opposition, il faut comprendre non seulement celle qui siège au Parlement, mais aussi les formes de critique qui proviennent de différents secteurs de la société et que Salvini dénigre systématiquement, en utilisant un langage apparemment neutre – là réside toute la nouveauté – pour montrer les défauts, les mesquineries et l'inconsistance supposée de l'opposition.

Le populisme au pouvoir opère donc sur deux fronts, l'opinion et les institutions, avec l'objectif – c'est ce qui le différencie du fascisme – non d'éliminer physiquement l'adversaire, non d'éliminer les normes démocratiques (en particulier les droits électoraux), mais bien d'agir sur les opinions pour rendre l'opposition impuissante.

Voyez-vous des similitudes avec la façon de communiquer de Donald Trump, par exemple ?

Oui, mais chaque leader populiste adapte le style et le contenu de sa communication à la culture de son pays. Contrairement à Trump, qui est agressif, Salvini a adopté une méthode qui déroute complètement ses adversaires. S'il doit dire du mal de quelqu'un ou le dénigrer sur les réseaux sociaux, il l'embrasse, lui envoie une accolade. Il utilise un langage ironique, sarcastique. Il publie régulièrement sur sa page Facebook, sans les présenter ou les commenter, des images de citoyens ordinaires qui manifestent contre lui – par exemple, avec une pancarte affirmant « Salvini est fasciste » – afin de déchaîner des milliers de commentaires terribles de la part de ses partisans. Salvini est un provocateur, mais il provoque à l'aide d'un langage sournois, qui ne peut être attaqué directement.

À la différence de Trump, il adapte sa communication à un pays qui n'est pas habitué à la violence verbale, ni aux armes – notre pays est un pays non violent, mais Salvini contribue ainsi à le rendre violent. Il existe un concours malsain entre ses soutiens à qui fera preuve du plus de zèle pour défendre son « capitaine », comme il se fait appeler, leur *Duce* – parce que le capitaine, c'est le *Duce*, n'est-ce pas ? Cela entraîne des phénomènes d'intolérance, parfois de violence dans la société civile. La communication de Salvini est une invitation, indirecte mais très claire, à être intolérant vis-à-vis des non-Italiens, vis-à-vis de ceux qui ne s'adaptent pas aux règles (les gens du voyage, les étrangers, les citoyens naturalisés provenant de pays non européens, etc.). Elle constitue donc une violation terrible du principe de l'égalité de droit et de traitement des citoyens. Qui est italien depuis plusieurs générations est considéré comme plus italien que quelqu'un qui l'est devenu il y a peu. C'est une situation problématique, dramatique même, parce qu'elle laisse sans voix. Face à de tels actes de violence verbale, il est difficile de trouver les mots ; soit on tombe dans son jeu en recourant au sarcasme, soit on interrompt toute communication. Les conditions sont réunies pour une érosion générale de la délibération publique.

La Ligue de Salvini et le Mouvement 5 étoiles semblent incarner la diversité idéologique du populisme. Qu'est-ce qui les rapproche ? Avez-vous été surprise de leur alliance pour former un gouvernement ?

Non, parce que la distinction gauche/droite est très vague et n'est pas déterminante pour différencier un populisme d'un autre. Les populistes ont des caractéristiques communes qui en font des populistes, et les différences idéologiques sont peu de chose en comparaison. Dire qu'il suffit de prêter attention aux plus démunis ou de distribuer un revenu de citoyenneté – qui n'est qu'une simple assistance financière aux plus faibles – pour être de gauche, c'est faire insulte à la gauche. Les fascistes ont toujours maintenu une protection sociale organisée autour de l'assistance aux pauvres.

Ces deux mouvements, le Mouvement 5 étoiles et la Ligue, ont une caractéristique commune : ils sont interclassistes et opposés à toute forme de conflit de classes. Cela veut dire que les ouvriers, les chômeurs, les démunis sont attaqués et critiqués dès lors qu'ils prétendent s'organiser collectivement, dans les syndicats par exemple. Ils doivent rester en ordre dispersé ou s'associer à ces deux partis qui veillent à leurs intérêts et distribuent occasionnellement une obole. Je ne vois ni « droite » ni « gauche » là-dedans.

En premier lieu, ces deux mouvements cherchent à démolir le sens de l'État-providence, c'est-à-dire d'un État dispensateur de services universels. C'est un processus qui était déjà entamé, mais qui est désormais porté à son extrême limite. D'abord, le projet de régionalisation de l'école fera en sorte que, dans certaines écoles, on parlera une langue et on suivra un programme, et dans d'autres écoles, on parlera d'autres langues et on suivra d'autres programmes – donc, une rupture de l'union linguistique et culturelle de la nation. Ensuite, l'anti-classisme est chez eux féroce et fondamental. L'attaque contre les syndicats et les corps intermédiaires portée par les deux partis, avec différents arguments, pour tout unifier, est inquiétante. C'est un travail que le Parti démocrate avait déjà commencé. Le populisme est en réalité un phénomène qui, en Italie, progresse depuis plusieurs décennies. Depuis la fin des partis politiques en 1992, le populisme a toujours été présent. De gauche ou de droite, tous les populismes travaillent à la désorganisation des masses populaires. Ils remplissent les places, certes, mais ne veulent pas de structures organisationnelles pour les classes et les groupes sociaux, qui les rendraient moins faciles à contrôler et à convaincre.

En second lieu, ils ont une vision qui n'a rien à voir avec la gauche, parce qu'ils opèrent une rupture de la solidarité entre les démunis, les pauvres, les chômeurs, les exploités, les classes laborieuses. Ils dressent les Italiens contre les Européens, contre les autres groupes, ce qui n'appartient pas à la culture de la gauche. Même quand la gauche était liée à la nation, comme le Parti communiste italien, il y avait la volonté de penser de façon globale, ou en tout cas de penser un monde qui allait bien au-delà de la simple nation. Il est donc difficile d'identifier le populisme et la gauche. Le populisme est un moyen plutôt qu'une fin, mais ce moyen n'est pas politiquement neutre. Par exemple, l'unification du peuple dans la figure du leader détermine une organisation de la politique qui mène nécessairement à une conception césariste. La droite comme la gauche, si elles suivent cette voie, finissent par construire un dirigeant plébiscitaire et sont unies par celui-ci et par une conception de la souveraineté – ce qui n'admet pas de contrôle démocratique, car l'identification au leader est de l'ordre de la *foi*. C'est une conception anti-électorale et anti-délégative de la représentation, qui est conçue comme incorporation, incarnation, et qui est caractéristique du populisme sous toutes ses formes.

Enfin, il y a l'attaque, la critique permanente de tous les partis politiques, car ces deux mouvements n'acceptent pas la structure partisane, en tant qu'organisation qui assure la participation interne et autorise le contrôle du dirigeant par la base. Les partis ont été éliminés, ou rendus plus « légers », « liquides ». Le leader devient alors l'unique force dominante, qui contrôle son propre camp. Cette érosion des corps intermédiaires politiques, les partis, est une caractéristique fondamentale du populisme.

Quels sont les facteurs déterminants pour expliquer la récente ascension de ces deux formations politiques ? Quelle est la responsabilité des acteurs politiques qui ont alterné au pouvoir depuis les années 1990 ?

La conception de la démocratie des partis a gagné en légitimité à partir de la résistance au fascisme : c'est elle qui a construit le pays et sa Constitution dans l'après-guerre. Cependant, à l'intérieur de l'Italie de l'époque, dans un Sud qui n'avait pas participé à la lutte de libération et ne disposait pas de partis organisés, est né un mouvement qui s'appelait le Front de l'homme ordinaire *(Fronte dell'uomo qualunque)*. Son dirigeant, Guglielmo Giannini, a écrit en 1945 un ouvrage très épais, qui a par la suite été réédité sous forme abrégée, intitulé *La folla* (« La foule »), et dans lequel il jetait les bases de beaucoup de conceptions qui se sont imposées après les années 1990, alors qu'elles étaient restées extrêmement minoritaires auparavant en raison de l'immense légitimité dont jouissaient les partis. Plus les partis ont perdu en légitimité, en raison de la corruption et d'un ordre international qui les empêchait d'utiliser le levier de la dépense publique, plus cette vision anti-partis a pris de l'importance.

Cette conception de la *foule* (et non du *peuple*) est fondée sur l'idée que les partis constituent quelque chose de négatif – c'est une idée que partageait Simone Weil – parce qu'ils enferment les gens dans une idéologie, qui peut ensuite servir de justification à toute action des leaders du parti, en projetant les demandes et les réalisations dans un futur fantasmé. De cette manière, selon Giannini, les citoyens n'ont jamais le moindre contrôle sur la chose politique, qui est toujours différée ; ils s'identifient à l'idéologie et laissent les coudées franches aux leaders. Les partis constituent donc un monstre terrifiant à éliminer, la vie politique doit être organisée autour des citoyens, d'un État minimal technocratique et d'une chambre tirée au sort ; les décisions, les lois (peu nombreuses, dans l'idéal), doivent être prises par le gouvernement, sous le contrôle du Parlement.

Ces idées reviennent aujourd'hui en avant, à tel point que le Mouvement 5 étoiles a proposé de transformer l'une des deux chambres, le Sénat, en chambre de députés tirés au sort. Ces conceptions s'appuient sur l'idée que les partis cassent la généralité de la citoyenneté, qu'ils installent une barrière entre les citoyens et l'État, empêchant ceux-là de contrôler celui-ci. Aujourd'hui, cette idée s'est diffusée de différentes manières, pas seulement à droite – Giannini était un libéral de droite –, mais aussi dans d'autres secteurs. Je pense notamment à l'idée, similaire mais plus compliquée, d'Adriano Olivetti, qui a écrit, dans les années 1950, un pamphlet contre la démocratie des partis et en faveur d'une organisation corporative de l'État – basée sur les régions, les corporations –, afin de rompre l'idée d'une souveraineté nationale fondée sur des individus-citoyens singuliers. Olivetti et Giannini développent tous deux une critique des partis, l'un à partir d'une vision corporative, l'autre à partir d'une vision libérale. Et la conception d'Olivetti a eu une postérité avec Gianroberto Casaleggio. Il existait donc, depuis les années 1950, divers courants de critique des partis, mais ils n'occupaient pas beaucoup d'espace, en raison de la forte légitimité dont jouissaient les partis, qui organisaient la société et les institutions (associations, syndicats, coopératives, etc.). Cette force d'organisation s'est cependant érodée au cours du temps.

Cela est largement lié à l'impossibilité de construire un gouvernement alternatif au parti de la démocratie chrétienne, ce qui a miné l'idée d'alternance et a créé les conditions pour la création d'un système de corruption généralisée. En 1992, le scandale de Tangentopoli a mis fin a tout cela : en l'espace d'un an, tous les partis qui avaient construit l'État, l'Assemblée constituante, la Constitution, etc. ont disparu. Seul le Parti communiste a subsisté dans un premier temps, tout en absorbant une bonne part du sentiment anti-partis. Après 1992, Achille Occhetto a ainsi entamé une campagne en faveur de la transformation des partis en associations de la société civile. La gauche a donc aussi épousé l'anti-partisme, jusqu'à la construction de ce Parti démocrate, qui est un parti populiste à tous les égards – construit autour du leader, fonctionnant sur la base d'élections primaires ouvertes, ne disposant plus d'organisation interne véritable, pas même d'un congrès. C'est un parti du chef, du plébiscite. À droite, l'évolution est encore plus évidente : après 1993, on a vu émerger le parti de Berlusconi et la Ligue du Nord – qui avait commencé avant, mais qui devient agressivement nationaliste à partir de 1992. Et tout cela a mené le pays jusqu'à la situation actuelle, dans laquelle tous les mouvements et les partis qui ont vu le jour depuis 1992 se sont révélés des fabriques extraordinaires de populisme et de plébiscitarisme.

Il serait erroné d'attribuer la dynamique populiste uniquement à la fin de la guerre froide. Certes, cela a délégitimé les idéologies de gauche, mais le processus d'érosion avait déjà commencé. Par ailleurs, on aurait pu imaginer la résilience de formes de gauche réformiste, plutôt que l'abolition pure et simple de la gauche. En Italie, cela n'a pas été possible parce que l'opération « Mains propres » *(Mani pulite)* a abouti à l'élimination totale du Parti socialiste, qui était le seul parti réformiste, tandis que le Parti communiste n'est pas parvenu à devenir social-démocrate en quelques années. De l'autre côté, la droite a emprunté la voie qui s'ouvrait à elle avec une politique du leader et la vidéocratie – d'abord avec la télévision, puis avec les nouveaux médias. À l'heure actuelle, en Italie, il n'y a plus que des partis populistes.

Quelle est la spécificité du populisme ? Comment le définiriez-vous ?

Pour commencer, il faut distinguer les mouvements extérieurs à l'État et les partis qui y entrent : le *populisme comme mouvement* et le *populisme au pouvoir*. Il y a de nombreux mouvements populaires, horizontaux, qui refusent même d'avoir des représentants : les Gilets jaunes, les Indignés, Occupy Wall Street et, avant eux, dans les années 1990, les Girotondi… Ces mouvements populaires font partie intégrante de la démocratie et n'ont rien de spécifique. On parle de populisme, en revanche, pour désigner des mouvements qui cherchent à obtenir la majorité des voix et à gouverner.

Il faut les concevoir et les étudier à travers les normes de la démocratie constitutionnelle et représentative, à la fois pour éviter les diabolisations et pour éviter de considérer comme « populiste » tout ce qui se joue en dehors des élections. La démocratie constitutionnelle a deux versants : un versant interne, le fonctionnement des institutions et les limites du pouvoir à l'intérieur de l'État, et un versant externe, fait d'associations, de mouvements, etc. Ce second versant est fondé sur la liberté d'association, d'opinion, de pensée, et permet la formation d'opinions qui, à travers les élections, peuvent participer à la gestion de l'État. La démocratie a donc deux piliers, l'opinion et l'institution (ou la volonté, si l'on veut utiliser le langage de la souveraineté classique).

Le populisme n'est pas un fait transitoire, mais une transformation des démocraties constitutionnelles et, par là, de la démocratie des partis, car les démocraties constitutionnelles nées en 1945 sont issues des partis – je parle de l'Europe, mais ce discours peut s'étendre à l'Amérique latine. Le peuple n'est plus la *fictio juris* qui apparaît dans la Constitution et sert de principe de légitimité que personne n'ose s'approprier ; il devient un groupe spécifique de personnes qui se définissent comme le seul peuple valable et chassent les autres, qu'il s'agisse de minorités indésirables ou de l'*establishment*. À partir de là, le peuple se scinde : il y a le peuple juste, et ceux qui n'en font pas partie. Cette modification implique que le leader populiste s'approprie les institutions, puisque le peuple, c'est lui.

Cette idée de représentation comme incarnation *(embodiment)* implique l'abolition de la distance entre le leader et le peuple. Dans cet écart, il y avait auparavant le parti ; désormais, le leader et le peuple ne sont qu'un. Comme le souligne justement Laclau, le peuple prend le nom du leader, sans quoi il serait divisé de fait entre différents partis et différentes revendications.

Sans la présence de ces filtres, quels peuvent être les critères pour évaluer et contrôler ce leadership ? Sa victoire. Comme le disait Isaiah Berlin, le populisme ne peut pas être minoritaire, il doit être majoritaire, il doit gagner. C'est la conquête du pouvoir qui lui donne raison. Laclau a raison : le populisme *est* la capacité du leader à unir des demandes sociales disparates qui n'ont plus un parti pour les représenter. Et il fait suite à une érosion de la démocratie des partis, elle-même liée à l'influence des partis « attrape-tout »… Les partis ont préparé le terrain en cherchant à tout prix à gagner l'électeur médian, entrant ainsi dans une course au centre et à l'extension du parti au-delà de ses partisans. Le populisme croît précisément grâce à cette abolition des frontières partisanes. Bernard Manin fait une catégorisation du gouvernement représentatif depuis le début du XIXe siècle en passant par le gouvernement de notables, la démocratie des partis à l'ère du suffrage universel et ce qu'il appelle la démocratie du public[1]. Du public, parce que le parti n'a plus de prise idéologique, mais relève d'un système cartellisé de sélection du personnel de gouvernement, qui vit et fonctionne grâce à l'audience. Ce système n'est pas celui de la démocratie directe, mais est caractérisé par une forme de *représentation directe*, parce qu'il repose sur l'identification complète du peuple et du leader, sans aucune forme de médiation, que les moyens de communication actuels rendent plus simple.

Dans quelle mesure cette transformation politique est-elle réversible ?

La démocratie est création : elle n'*a* pas seulement une histoire, elle *est* une histoire, parce qu'elle construit, génère de nouvelles institutions pour répondre chaque fois aux nouveaux défis et problèmes de chaque époque. Le gouvernement des notables était la réponse à la première construction d'un gouvernement représentatif, la démocratie des partis était la réponse à la nécessité d'organiser politiquement les masses, et

1 - Voir Bernard Manin, *Principes du gouvernement représentatif*, Paris, Calmann-Lévy, 1995.

nous sommes désormais probablement devant une nouvelle transformation de ce type que l'on ne peut réduire à un déclin. On ne retournera pas en arrière, parce qu'en arrière, il y avait des partis qui accompagnaient une société segmentée, organisée, régimentée. Le travail en usine était organisé, les syndicats étaient une véritable armée, et l'activité économique était organisée par et pour les classes et organisations. Aucun individu n'échappait à ce maillage, à cette hyper-organisation.

Aujourd'hui, nous faisons face à une situation bien différente, où prévalent le travail mobile et ultraprécaire, la monétarisation des droits (droits syndicaux inclus), la désagrégation de la citoyenneté, l'organisation de la société autour d'intérêts et de revendications transitoires, qui changent rapidement en fonction de leur satisfaction ou non-satisfaction et sont beaucoup plus réceptifs aux interpellations populistes qu'à la forme parti. Par conséquent, soit nous entreprenons de reconstruire une nouvelle forme de parti – qui ne sera plus celle composée d'un secrétariat général, d'une idéologie unifiante, d'un récit historique spécifique – afin de rompre la corde populiste, soit nous admettons que nous sommes entrés dans la « démocratie populiste », comme nouvelle forme évolutive du gouvernement représentatif.

Le modèle passé était déjà largement érodé quand le populisme a pris le pouvoir. Comme les Français ont une démocratie présidentielle et non parlementaire, le problème est moins apparent, ou apparaîtra plus tard. Mais Macron n'avait pas de parti, il a construit le sien du jour au lendemain. Un parti qui se construit en vingt-quatre heures n'est pas un parti dans le sens traditionnel du terme, il est uni par la figure du chef – ce qui est facilité dans une démocratie présidentielle. On ne peut pas retourner en arrière, non pas en raison d'une quelconque fatalité historique, mais parce que les conditions de la société ont changé. Les partis répondaient aux besoins internes de la société d'alors, une société de masse, de classes. Les mouvements populistes de Le Pen, Salvini, etc., sont des formes nouvelles de partis, fondées sur le numérique, avec une organisation lâche ou inexistante, complètement centrée autour du leader.

Le populisme est-il une menace pour la démocratie ? Permet-il un renouvellement politique ?

La position minimaliste, à la Cas Mudde, considère que le populisme se forme à l'intérieur de la démocratie et a une base idéologique minimale qui divise les « petits » et les « grands ». C'est vrai qu'il y a cet élément des petits et des grands dans le populisme (même si je ne crois pas que le populisme soit une idéologie), mais la démocratie est fondée sur l'opposition à l'*establishment*. Toute la question réside dans la *manière* dont cette opposition se manifeste. Comme le dit Hans Kelsen, la démocratie forme beaucoup de leaders, trop de leaders pour qu'il y ait *un* leader et *un* peuple, elle est fondée sur un pluralisme de leaders. Donc l'idée qu'il y ait *une* élite, *un* peuple, me semble peu convaincante. De la même manière, je ne trouve pas très convaincante l'idée d'un peuple « bon » opposé à une élite « mauvaise » ou « corrompue ». Ce ne sont pas des questions morales, c'est simplement le fait qu'il est insupportable pour beaucoup de voir une élite *politique* – et non pas une élite sociale, car bien souvent les leaders populistes eux-mêmes sont extrêmement riches, cela n'entre pas en ligne de compte – qui conquiert des positions de pouvoir et, sans rien faire, vit des taxes des citoyens et leur impose l'obéissance. Cette élite devient vite, dans toutes les démocraties, insupportable pour beaucoup. Il y a là indubitablement un élément démocratique.

D'un autre côté, Laclau a raison lorsqu'il affirme que le populisme est la *création* du peuple, précisément parce qu'il n'y a plus d'autres formes d'agrégation. C'est donc la reconnaissance de la fin d'une époque, au cours de laquelle l'hégémonie était de type idéologique, partisane – marxiste, en fait, pour le dire brutalement.

Selon moi, le populisme est risqué en raison de son hyper-majoritarisme. Il n'est pas risqué en tant qu'antilibéral, mais en tant qu'antidémocratique. La démocratie a besoin de liberté interne, de contestation, de dissensus, qui ne viennent pas du libéralisme mais bien de ses propres développements. Le populisme attaque le dissensus, comme dans le cas de Salvini, donc il attaque la démocratie. Le populisme constitue un problème pour les principes constitutionnels qui sont au fondement de la démocratie. Ces principes n'ont pas été inventés par d'autres, c'est la démocratie qui les a développés, au IVe siècle avant Jésus Christ : la démocratie athénienne était constitutionnelle. Certes, ces principes se sont développés au cours des siècles avec l'apport républicain et d'autres traditions, mais nous vivons encore aujourd'hui dans ces principes démocratiques.

La démocratie est toujours active, elle est un renouvellement continu. Je ne vois pas bien où se situerait la crise, dans ce sens. Au contraire ! Il y a énormément de participation, d'activité, d'action : c'est cela la démocratie, non ? Mais la démocratie réside aussi dans le respect des règles du jeu (je viens de l'école de Norberto Bobbio). Aujourd'hui, il existe un travestissement de ces règles que je trouve préoccupant.

Ce travestissement se produit souvent au nom de la démocratie elle-même, de l'imaginaire démocratique du moins…

Mais tous parlent au nom de la démocratie ! Nous sommes dans une époque, comme le dit John Dunn, où le terme « démocratie » est plus populaire que le terme « Dieu ». Orbán déclare être plus démocratique que les pays d'Europe occidentale, Erdoğan aussi, et d'autres. Ne nous étonnons pas : c'est la parole hégémonique par excellence. Il est quasiment impossible de se dire antidémocratique. Seuls les Chinois essaient, lorsqu'ils vantent les mérites de leur système technocratique, épistémocratique, et de son meilleur fonctionnement supposé. Lorsqu'on parle de démocratie, arrêtons de faire de l'idéologie et allons voir comment fonctionnent les règles démocratiques.

Selon vous, il n'y a donc pas de différence entre ce que l'on appelle le populisme de droite et le populisme de gauche.

S'il y en avait, le gouvernement italien n'existerait pas. Imaginez-vous un parti communiste qui gouvernerait avec un parti quasi fasciste ? Mais une alliance entre Le Pen et Mélenchon ? Bien sûr ! Selon la loi, c'est possible, et cela confirmerait l'unité du phénomène populiste, de « droite » comme de « gauche ».

Le populisme n'est pas une idéologie, c'est un instrument de conquête du pouvoir. Il me semble qu'aujourd'hui Podemos devient un parti comme les autres. Le populisme est dans ce cul-de-sac : ou il devient un parti comme les autres, ou il reste dans la mobilisation permanente. S'il s'agissait juste d'une méthode pour créer un nouveau parti, comme Podemos, c'est positif. Sinon, il faut qu'il y ait une différence idéologique substantielle pour dire que l'un est de droite et l'autre est de gauche. Et s'il y a une différence substantielle, alors le populisme est secondaire. Mais je voudrais les voir, au gouvernement, les Le Pen et les Mélenchon. S'ils se comportent en populistes, violent les droits, enfreignent les règles de respect du dissensus et de l'opposition, exaltent la majorité, alors qu'ils le fassent à partir d'une position de « droite » ou de « gauche » ne m'intéresse pas. S'il faut choisir entre des mouvements de droite et de gauche qui, dans les deux cas, ne respectent pas les règles du jeu et les valeurs de la compétition démocratique, je ne pense pas que cela fasse une grande différence.

Le populisme attaque le dissensus, donc il attaque la démocratie.

Il faut bien être au clair sur ce qu'est le populisme. Si le populisme est une méthode, un « moyen de transport » vers le pouvoir, alors c'est comme prendre le bus pour aller au centre-ville plutôt que le métro. Si le populisme est bien cela, il n'est pas intéressant de savoir s'il est de gauche ou de droite. Ce qui est intéressant, c'est de savoir si le « moyen de transport » d'une idée ne finit pas par modifier le comportement de ceux qui portent cette idée ou par modifier cette idée elle-même. C'est cela qui caractérise le populisme et qui le distingue d'un parti comme les autres.

Propos recueillis par Arthur Borriello et Anton Jäger le 6 décembre 2018 et traduits de l'italien par Arthur Borriello

Le monde des nouveaux autoritaires

Michel Duclos (sous la dir. de)
Éditions de l'Observatoire/Institut Montaigne, 2019, 288 p., 19 €

L'ouvrage dirigé par Michel Duclos, ancien ambassadeur et analyste incontournable de la tragédie syrienne, réunit les plus belles plumes de la recherche en relations internationales (Jacques Rupnik, Christophe Jaffrelot, Bruno Tertrais, Aleksander Smolar, Gérard Prunier…) et une brochette des plus lamentables dirigeants de la planète (Donald Trump, Vladimir Poutine, Xi Jinping, Narendra Modi, Recep Erdoğan, Jair Bolsonaro…). Les premiers, en dépeignant succinctement les seconds (une dizaine de pages pour chacun), dressent ainsi sur le vif un état du monde accablant. Car où un tel attelage pourrait-il le conduire, sinon vers une période de « *conflits perpétuels* », aussi bien économiques et technologiques que culturels et militaires ?

Dans son avant-propos, Michel Duclos s'attache à éclairer, derrière l'image de ces leaders, les forces et le contexte historique international qui les ont portés au pouvoir, se risquant même à formuler « *trois théorèmes sur le nationalo-populisme et l'autoritarisme* ». Il ne s'agit pas ici de faire la théorie synthétique du populisme, mais de déployer la diversité des populismes et des nouvelles formes d'autoritarisme à travers un jeu de portraits pléthorique mais (nécessairement) non exhaustif de leurs leaders actuels (manquent quelques figures notables, comme Boris Johnson ou le futur ex-président burundais Pierre Nkurunziza). Cette diversité est exposée pour plus de lisibilité en trois groupes (les nationalo-populistes, les néo-autoritaires et les autoritaires assumés), dont les contours demeurent suffisamment souples pour, tout en évitant les amalgames, refléter des affinités et surtout des continuités puisqu'ils dessinent aussi trois étapes d'arrachement au modèle de la démocratie libérale. Pour ces nouveaux autoritaires, la voie des urnes constitue la principale voie d'accès au pouvoir ; l'affaiblissement ou le dévoiement des institutions démocratiques marque leur mandat ; et la mise en place d'un appareil non démocratique, oppressif et meurtrier, est un horizon naturel, sinon poursuivi dès le début. Erdoğan et Orbán sont caractéristiques de cet entre-deux mais, comme le souligne Michel Duclos, il n'y a ni déterminisme ni unicité. Ce dont les dix-neuf portraits rassemblés ainsi témoignent avec concision.

Dans ce carnaval des autocrates, plusieurs ont accédé au pouvoir de façon inattendue, à la faveur de la déroute des alternances traditionnelles, mais même lorsqu'ils se présentent comme des hommes neufs et antisystème, ils ont souvent derrière eux une longue carrière politique (Bolsonaro, Salvini). Peu d'entre eux se réfèrent à un véritable corpus idéologique, sinon vidé de son sens (Xi Jinping, Bachar el-Assad, l'ayatollah Khamenei). Aucun n'agite d'utopie grandiose, mais tous mettent en scène des clivages binaires et irréductibles (peuple et élite, nationaux et étrangers, anti-occidentalisme ou islamophobie…) et un grand nombre cultivent leurs liens étroits avec une religion (Salvini, Bolsonaro, Erdoğan, Poutine).

Si ce nouvel autoritarisme apparaît bien plus comme un style de pouvoir qu'une doctrine, avec tribuns charismatiques (Modi, Erdoğan), de ternes chefs réussissent aussi à briller par leur sens de la provocation (Bolsonaro). Froids et flegmatiques (Poutine, Kagame) ou, au contraire, impulsifs et vulgaires (Bolsonaro, Salvini), ils cultivent tous, de manière plus ou moins grotesque, le culte de leur personnalité. Parfois en ressortant les vieux classiques du despotisme (Kim Jong-un), mais souvent en renouvelant le modèle de « l'homme fort » (Mohammed ben Salman et Mohammed ben Zayed au Moyen-Orient), voire pour les plus sournois en se faisant passer pour des « tyrans malgré eux » (Bachar el-Assad). Certains demeurent inflexibles (Sissi), d'autres se montrent plus fluctuants ou contradictoires, excellant aussi bien dans le registre du catastrophisme (Trump en 2016) que dans celui de l'autocélébration euphorique (Trump en 2020). Ils se placent au-dessus d'un peuple qu'ils prétendent être seuls à incarner (Poutine) et élèvent en retour ce peuple au-dessus des étrangers et des minorités ethno-religieuses dont ils promettent de conjurer la menace (Modi). Si les mesures économiques et politiques prises peuvent s'avérer contre-productives (Modi, Khamenei), plusieurs bénéficient de périodes de forte croissance (Trump, Kaczyński, Kagame) et se voient réélus, sinon plébiscités, installant leur système clanique ou clientéliste dans la durée.

Si certains entraînent leur pays dans une folie autodestructrice (Bachar el-Assad) et le déclin, leur autoritarisme passe désormais pour un gage d'efficacité gouvernementale et ce sont souvent eux qui font la course en tête dans le domaine de l'innovation technologique (Xi Jinping) et l'utilisation des réseaux sociaux (Trump). De plus, même lorsque des formes d'opposition et des forces de modération subsistent (la Cour suprême en Inde, le Congrès et la presse aux États-Unis, les institutions européennes pour la Hongrie et la Pologne), le jeu du pluralisme dysfonctionne et grippe les perspectives de l'alternance. *« Donald Trump a prouvé ou rappelé que le jeu démocratique reposait sur le respect de l'autre, la rationalité et le débat, mais que les électeurs s'habituaient rapidement à leur abandon* », constate Gérard Araud. Séduction et banalisation du mal se conjuguent.

La dislocation des institutions libérales a lieu aussi bien en interne qu'au niveau international. De Duterte à Bachar el-Assad, de Netanyahou à Poutine, nombre de ces leaders ont, à des degrés divers, violé le droit international humanitaire le plus fondamental, dans leur pays ou à l'extérieur. Sous leurs coups, les institutions multilatérales cèdent la place à des rapports de force brutaux et des allégeances imposées. Les nouveaux autoritaires réaménagent l'ordre international au gré de leurs alliances indéfectibles (Netanyahou et Trump), temporaires (ben Zayed et ben Salman) ou providentielles (Poutine et el-Assad). Des rapprochements improbables (Trump et Kim Jong-un) et fragiles (Erdoğan et Poutine) se combinent avec des hostilités historiques (Kaczyński et Poutine) ou des oppositions farouches (Trump et Khamenei), dont certaines deviennent structurantes (Trump et Xi Jinping).

Les institutions multilatérales cèdent la place à des rapports de force brutaux et des allégeances imposées.

C'est pourquoi Michel Duclos met en garde contre « *une approche de "bloc à bloc"* [qui], *dans un monde de régimes hybrides, serait contre-productive* ». Au contraire, les démocraties libérales doivent à tout prix « *prévenir la jonction entre les différentes strates qui constituent le mouvement anti-libéral global* ». Pour cela, les sociétés démocratiques, et les pays de l'Union européenne en particulier, devraient affiner leur capacité à identifier les étapes et les points de bascule des « *sorties du jeu démocratique* » ; poursuivre les échanges diplomatiques en comprenant les ressorts de la « *géopolitique des nouveaux autoritaires* », mais surtout renforcer les coopérations avec les sociétés civiles de ces pays pour les aider à sortir d'une vision clivée entre peuple et élite ; renouveler le libéralisme pour réduire les inégalités et produire un type alternatif de dirigeants démocratiques et créer de nouveaux mécanismes de responsabilisation collective.

Au-delà de l'exercice descriptif, l'ouvrage permet d'envisager des pistes d'action pour affaiblir, sinon mettre fin à la tentation d'un « *autoritarisme modernisé* », toujours très vive, y compris en France. Pronostiquant une crise interne des autoritarismes (ou de certaines de leurs formes), Michel Duclos s'interroge et nous interroge : « *Si tel est le cas, les défenseurs du libéralisme politique – d'un libéralisme renouvelé – seront-ils le moment venu au rendez-vous ?* » Faute de quoi, la conjugaison des crises des démocraties et des crises de l'autoritarisme risque d'accélérer la brutalisation des régimes et l'ensauvagement des sociétés. À ce jour, malgré les espoirs que suscitent les transitions soudanaises et algériennes, il y a hélas peu de raisons de croire en un retournement favorable. Mais seules les batailles non menées sont perdues d'avance.

Joël Hubrecht

National-populisme et christianismes

Les ressorts d'un ralliement paradoxal

Yann Raison du Cleuziou

Les 3 et 4 février 2020, un congrès a réuni à Rome des figures éminentes du populisme de droite autour du thème "God, Honor, Country: President Ronald Reagan, Pope Jean-Paul II, and the Freedom of Nations". L'événement était coorganisé par la Edmund Burke Foundation, Nazione Futura, le Herzl Institute, le Danube Institute, l'International Reagan Thatcher Society et d'autres fondations alliées pour la promotion du *national conservatism*. On pouvait y croiser des Américains, Anglais, Hongrois, Italiens, Israéliens, Néerlandais et quelques Français ayant participé à la Convention des droites organisée en septembre 2019 par le mensuel *L'Incorrect* autour de Marion Maréchal. Le Premier ministre Victor Orbán y était la figure politique la plus éminente.

L'ambition de faire mémoire des relations de Ronald Reagan et de Jean-Paul II paraît surprenante même si leur opposition commune au bloc soviétique est certaine. Leur association a pour liant un récit qui hybride le roman national et l'histoire providentielle[1]. Le pape polonais et le président états-unien sont désignés comme de dignes successeurs de Pépin le Bref et du pape Étienne II faisant front contre les Lombards. Pourtant, l'augustinisme politique n'est plus une théologie légitime et, d'ailleurs, aucun ecclésiastique n'a pris la parole durant le colloque. Mais, comme l'observe Olivier Roy dans son dernier livre, la sécularisation du christianisme européen se traduit par une culturalisation

1 - Voir Dominique Borne, *Quelle histoire pour la France ?*, Paris, Gallimard, 2015.

des références chrétiennes[2]. Libérés de leur signification religieuse, ces symboles deviennent des marqueurs culturels patrimoniaux et peuvent faire l'objet d'une instrumentalisation politique. Patrick Buisson a explicitement revendiqué ce transfert de valeurs : « *On se redécouvre non pas religieusement, mais historiquement chrétien* [...]. *Il ne s'agit plus de croyance, mais d'une volonté de préserver un élément consubstantiel à l'identité française, que le catholicisme a profondément façonné* [...]. *Abandonnés comme lieux de prières, les églises et les crèches s'offrent à nous comme symboles d'identité*[3]. » La sécularisation rend possible le détournement populiste du religieux[4]. Ainsi du chapelet brandi par Matteo Salvini, de la crèche de Noël de Robert Ménard ou des crucifix de Markus Söder.

Reste que le paradigme de la sécularisation a ses limites. En effet, comment expliquer le succès des dirigeants populistes dans des aires géographiques bien moins sécularisées que l'Europe, comme le Brésil et les États-Unis ? Et, surtout, comment expliquer le ralliement électoral de certains chrétiens, protestants ou catholiques, aux dirigeants populistes ? Leur vote n'est-il pas le signe que ces dirigeants parviennent à répondre à une demande religieuse et non seulement identitaire ? L'exploration de cette dynamique des populismes de droite permet de souligner des facteurs explicatifs négligés jusqu'alors. Nous voudrions ici présenter quelques recoupements heuristiques à ce titre[5].

Contre le déclassement symbolique

Trois dynamiques semblent jouer dans le ralliement d'électeurs chrétiens aux populistes : sur le plan politique, le sentiment d'être abandonnés par les partis traditionnels de droite, qui se révèlent indifférents aux questions bioéthiques et incapables de freiner l'ouverture des possibles ; sur le plan social, la crainte que les revendications LGBTI relativisent la normalité du modèle familial dont les chrétiens ont fait un levier d'influence ; enfin

2 - Olivier Roy, *L'Europe est-elle chrétienne ?*, Paris, Seuil, 2019.

3 - Cité par François Bousquet, *La Droite buissonnière*, Paris, Éditions du Rocher, 2017, p. 299.

4 - Voir Nadia Marzouki, Duncan McDonnell et Olivier Roy (sous la dir. de), *Saving the People: How Populists Hijack Religion*, Londres, Hurst, 2016.

5 - Je développe ici une réflexion amorcée dans les notices « Christianisme » et « Racines chrétiennes » publiées dans Olivier Dard, Christophe Boutin et Frédéric Rouvillois (sous la dir. de), *Le Dictionnaire des populismes*, Paris, Éditions du Cerf, 2019. J'en profite pour remercier Blandine Chelini-Pont et Marie Gayte de leur précieux éclairage sur les États-Unis.

sur un plan religieux, la rivalité avec un islam de plus en plus visible et perçu comme conquérant.

L'exemple américain permet de mesurer comment le vote populiste des chrétiens dépend du sentiment de déclassement qui résulte de la conjonction entre ces trois dynamiques. La sociologue Arlie Hochschild, attentive aux incidences politiques des émotions, a décrit le ressentiment des membres de la classe moyenne américaine[6]. Ces derniers ont l'impression de régresser socialement, parce qu'ils estiment que les valeurs qui fondent leur économie morale, comme le mérite, le travail ou la rectitude, ne bénéficient plus d'une reconnaissance suffisante des élites politiques. Ce sentiment de déclassement est nourri par la comparaison avec les nouvelles classes populaires issues de l'immigration et les minorités culturelles qui bénéficient des politiques de discrimination positive. La promotion de ces dernières est interprétée comme l'unité de mesure du déclin des classes moyennes. L'émergence de personnalités représentatives de la « diversité » amenuiserait leur propre capacité de représentation de l'Amérique. Les classes moyennes ont le sentiment de perdre le privilège d'incarner le modèle de l'*American way of life*. Mark Lilla a vu dans cette perception populaire des politiques « diversitaires » l'une des causes de l'échec politique des Démocrates[7].

Les chrétiens y sont d'autant plus sensibles que leur capacité prescriptive s'épuise dans la société. La marginalisation de la moralité chrétienne est interprétée comme une conséquence de la conjonction entre le libéralisme sociétal des élites et le multiculturalisme qui résulte des migrations. Les homosexuels et les musulmans se trouvent disqualifiés en ennemis de la perpétuation de l'authentique culture intrinsèquement américaine et chrétienne. Le mandat présidentiel de Barack Obama a ainsi été vécu, au sein de la base des *white evangelicals*, comme une persécution diffuse. Le Patient Protection and Affordable Care Act, promulgué en 2010, imposait ainsi aux entrepreneurs de financer la contraception indépendamment de leur éventuelle réprobation de celle-ci. Cette régression de la liberté de conscience, alors même que les couples homosexuels accédaient à la possibilité de se marier ou que les luttes contre les discriminations de

6 - Voir Arlie Russell Hochschild, *Strangers in Their Own Land: Anger and Mourning on the American Right*, New York, The New Press, 2016.

7 - Voir Mark Lilla, *La Gauche identitaire. L'Amérique en miettes*, trad. par Emmanuelle et Philippe Aronson, Paris, Stock, 2018.

genre étaient mises à l'agenda, a été interprétée comme la conséquence de l'hégémonie d'une élite qui privilégie les minorités sur la majorité des « vrais » Américains. Au contraire, pour bénéficier du soutien des électeurs chrétiens, Donald Trump revendique la fermeture des frontières à l'égard des musulmans, refuse les mesures qui contribuent à mettre le statut des homosexuels à égalité avec celui des hétérosexuels et prône une restriction, voire une prohibition de l'avortement. Il ne néglige pas de mobiliser de petits marqueurs culturels à hauts rendements. Par exemple, condamner le politiquement correct de ceux qui disent « joyeuses fêtes » et non « joyeux Noël ». Par ses prises de parole, le président restaure le christianisme comme fondement de la norme majoritaire. Pour ses électeurs chrétiens, qu'importe que sa vie n'y soit pas conforme, il y fait allégeance en reconnaissant sa suprématie, le reste relève de sa vie privée.

Outre la confrontation à la « diversité », la revendication de l'égalité des sexualités a une importance particulière dans le ralliement des chrétiens au vote populiste. En France, j'ai pu observer son rôle dans la montée en puissance d'un sentiment de déclassement dans l'univers catholique[8]. La sensibilité exacerbée des catholiques à la normalisation de l'homosexualité trouve sa cause dans une mise à l'épreuve de leur identité de corps, à la fois sexué et social. La normalisation de la famille homoparentale les déstabilise d'autant plus qu'ils ont donné à leurs pratiques familiales un horizon politique. C'est en tenant leur rôle de père et de mère, d'époux et d'épouse qu'ils estiment résister à la déconstruction de l'ordre social par la libéralisation des mœurs. C'est aussi parce qu'ils pensent que leurs couples résistent mieux au divorce, que l'agencement des sexes y est conforme à la nature ou que leurs enfants réussissent mieux, qu'ils s'estiment fondés à exercer une autorité sociale et morale en donnant l'exemple. La capacité à perpétuer un modèle familial reposant sur le mariage hétérosexuel est le socle à partir duquel bien des chrétiens pensent être l'authentique élite en charge de guider le peuple. L'ouverture du mariage aux personnes de même sexe et la promotion de

La revendication de l'égalité des sexualités a une importance particulière dans le ralliement des chrétiens au vote populiste.

8 - Voir Yann Raison du Cleuziou, *Une contre-révolution catholique. Aux origines de La Manif pour tous*, Paris, Seuil, 2019.

l'homoparentalité contribuent directement à saper cette prétention. Cette dévaluation de l'ordonnancement de leur corps sexué se traduit directement par un déclassement de ce qu'ils représentent socialement.

C'est alors leur corps collectif, leur identité de chrétiens dans la société, qui se trouve ébranlé. L'inversion de la question homosexuelle déplace symboliquement les catholiques de la norme à la déviance[9]. Ils craignent d'être mis au ban de la société en raison de la lutte contre l'homophobie. Leur ralliement aux principes de la démocratie trouve sa limite car ils ne peuvent accepter un régime politique qui rend discutable ce qui ne peut se discuter : l'ordre naturel dont ils se font les porte-parole. Que Vladimir Poutine propose de faire mention de Dieu et d'inscrire la définition hétérosexuelle du mariage dans la Constitution montre à quel point les dirigeants populistes savent jouer de cette attente. Des dispositions analogues existent déjà en Croatie, en Hongrie et en Pologne. L'hétéronomie religieuse permet de donner aux régimes représentatifs un fondement alternatif aux droits de l'homme.

Dans tous les cas, la transaction entre populistes nationaux et chrétiens a au moins une dimension statutaire. Leurs relations dépendent de leurs ennemis communs : les élites libertaires ou cosmopolites, les immigrés et surtout les musulmans, les minorités sexuelles. Contre ceux-ci, les nationaux-populismes restaurent la capacité des chrétiens à incarner la norme sociale à vocation dominante.

Les racines chrétiennes

Si le populisme permet de conjurer la crainte du déclassement des chrétiens, le christianisme permet de conjurer la crainte du multiculturalisme des populistes. C'est contre la protection libérale accordée aux cultures minoritaires que le populisme s'érige en défense du référent démocratique qui se trouverait dénié. Il oppose le droit de la majorité à imposer sa conception du bien par la loi à la logique libérale d'égalisation des conceptions du bien devant la loi.

La conception d'un État neutre, qui n'aurait pour fonction que d'arbitrer les conflits résultant de l'exercice de la liberté individuelle, se

9 - Voir Éric Fassin, « L'inversion de la question homosexuelle », *Revue française de psychanalyse*, vol. 67, n° 1, 2003, p. 263-284.

trouve disqualifiée par l'identification populiste faite entre l'État et un peuple singularisé par son héritage culturel, religieux et éventuellement ethnique. À ce titre, les « racines chrétiennes » sont devenues un topique des discours populistes, que ce soit en France, en Italie, en Pologne, en Hongrie, en Bavière ou ailleurs. Dans un contexte de déchristianisation, la banalisation de l'expression ne manifeste pas un retour de la religion au sens d'univers de croyances régulées par une autorité institutionnelle, c'est un effet de la dissémination du religieux comme ressource de sens offerte à chacun pour se construire ou se reconnaître des liens privilégiés avec d'autres. Patrimonialisé comme matrice culturelle, le christianisme est instrumentalisé comme frontière politique. Il permet de concurrencer l'identification du peuple aux citoyens en construisant un « vrai » peuple identifiable à sa culture. Les musulmans se trouvent symboliquement exclus du corps civique et leurs demandes disqualifiées comme des déviances.

Patrimonialisé comme matrice culturelle, le christianisme est instrumentalisé comme frontière politique.

Cette substitution du corps culturel du peuple aux procédures judiciaires et légales-rationnelles, garantes des droits individuels, renoue avec la construction symbolique de la monarchie sacrée. Pour Andrew Arato, il existe des affinités profondes entre la rhétorique populiste et certaines théologies politiques[10]. Le populisme restaure, d'une manière modernisée, une symbolique sacrale du pouvoir qui avait été évidée, pour reprendre une formule de Claude Lefort, par la dynamique du libéralisme politique. De manière analogue à la distinction entre les deux corps du roi décrite par Ernst Kantorowicz, la rhétorique populiste rappelle que les titulaires du pouvoir ne sont légitimes qu'en tant qu'incarnation passagère de l'identité du peuple, ce corps immortel que l'histoire ne peut altérer. Cette dynamique met en opposition les horizons démocratiques et libéraux et génère la variante des régimes représentatifs qu'est la démocratie illibérale : l'exercice du pouvoir n'y serait légitimement démocratique que dans la mesure où il n'entrave pas la perpétuation de l'identité du peuple, c'est-à-dire ne tranche pas ses « racines ».

10 - Voir Andrew Arato, Jean L. Cohen, "Civil society, populism and religion", *Constellations*, n° 24, 2017, p. 283-295.

Cette attente jette le soupçon sur les élites politiques, toujours suspectes d'être « le parti de l'étranger », que ce soit en raison de la politique d'accueil des migrants ou de la signature de traités de libre-échange. Ce raisonnement protectionniste a sa déclinaison religieuse. Les partis populistes, tout en revendiquant une extension de la laïcité par des politiques de neutralisation de l'espace public pour rendre les mœurs musulmanes invisibles, souhaitent y faire exception pour les formes visibles du christianisme en raison de leur caractère patrimonial. C'est à ce titre que la présence de crucifix ou de crèches dans les bâtiments publics est défendue en Italie, en Bavière ou en France. C'est également suivant ce raisonnement que plusieurs députés français ont demandé l'inscription dans la Constitution des « racines chrétiennes de la France ».

Pour Benjamin Moffitt, le populisme est avant tout un style, une capacité à représenter le peuple de manière performative[11]. Il repose donc sur des opérations de réagencement d'éléments de la culture politique qui le précèdent. Ainsi, l'absolutisation du corps civique renoue avec la sociodicée religieuse utilisée par l'Église pour christianiser les nations païennes à la chute de l'Empire romain d'Occident. La mythologie de l'élection divine de la nation juive fut alors utilisée au profit des peuplades barbares, qui reçurent la mission de diffuser et de défendre la foi chrétienne. Dans les partis populistes, le chef est l'héritier indirect des rois oints par Dieu. Il incarne la rémanence de cette vocation religieuse du peuple et cristallise cette attente sur lui en se présentant comme un sauveur en capacité de chasser le mal et d'interrompre la décadence[12]. Que ce soit au Brésil ou aux États-Unis, cette dimension sotériologique était présente dans les légitimations par les prédicateurs évangéliques du vote en faveur de Jair Bolsonaro ou de Donald Trump.

Autrefois considérée comme un obstacle à l'émancipation civique du peuple, la culture chrétienne est désormais mobilisée comme une ressource d'affirmation de la majorité, pour contrer les prétentions des minorités, et surtout des musulmans, à faire reconnaître leur différence comme un droit. Elle est une frontière qui distingue les « vrais » Français des autres et leur réserve l'exercice légitime de la souveraineté. Les racines

11 - Voir Benjamin Moffitt, *The Global Rise of Populism: Performance, Political Style, and Representation*, Palo Alto, Stanford University Press, 2016.

12 - Voir Patrick Charaudeau, « Réflexions pour l'analyse du discours populiste », *Mots. Les langages du politique*, vol. 97, nº 3, 2011, p. 101-116.

chrétiennes prennent une fonction politique analogue à la figure des Gaulois dans la culture républicaine du XIXe siècle. Ces derniers permettaient d'affirmer une unité nationale antérieure à l'œuvre des rois et d'exalter un esprit d'indépendance face aux prétentions impériales allemandes héritées de Rome[13]. Pour certains pays du groupe de Visegrád, le christianisme permet aujourd'hui d'exalter l'identité nationale face aux nouvelles menaces que ferait peser l'Union européenne sur leur indépendance. Il est un renfort symbolique qui permet de parachever la construction nationale des pays marqués par un accès tardif à cette indépendance et une conscience aiguë de sa fragilité[14].

L'émergence des populismes de droite est à remettre en perspective avec le mouvement des nationalités. Comme l'a noté Anne-Marie Thiesse, rien de plus international que la fabrique des nations au XIXe siècle[15]. Aujourd'hui, ce renouveau du nationalisme prend la défense de la civilisation chrétienne comme étendard. Cette rhétorique correspond à la dynamique de constitution des clivages civilisationnels décrite par Samuel Huntington : *« Nous savons qui nous sommes seulement quand nous savons qui nous ne sommes pas, et souvent seulement quand nous savons contre qui nous sommes*[16]*. »* Le christianisme permet donc à la fois de hiérarchiser à l'échelle nationale les authentiques membres du peuple des autres et, à l'échelle internationale, de distinguer les alliés et les ennemis en blocs.

La mobilisation du christianisme comme culture permet ainsi de renouveler le nationalisme en lui donnant un horizon civilisationnel. Dans la rhétorique nationale-populiste, les fantasmes de la guerre civile et de la guerre mondiale se superposent et tracent une même ligne de front imaginaire. La présence d'une minorité musulmane, le terrorisme djihadiste ou les flux migratoires se trouvent alors nivelés comme des manifestations différentes d'une même menace étrangère. Cette construction de l'ennemi permet de comprendre que le populisme puisse articuler sans incohérence la fermeture des frontières nationales et l'intensification des alliances politiques transnationales. Avec The Movement, créé en 2017, Steve Bannon a tenté d'accélérer les alliances entre les populismes de

13 - Voir Syvain Venayre, *Les Origines de la France. Quand les historiens racontaient la nation*, Paris, Seuil, 2013.

14 - Voir Max-Erwann Gastineau, *Le Nouveau Procès de l'Est*, Paris, Éditions du Cerf, 2019.

15 - Voir Anne-Marie Thiesse, *La Création des identités nationales. Europe XVIIIe-XXe siècle*, Paris, Seuil, 1999.

16 - Samuel P. Huntington, *Le Choc des civilisations* [1996], Paris, Odile Jacob, 1997.

droite européens. À l'échelle internationale, Israël et la Russie constituent actuellement deux pôles d'offre d'alliance géopolitique auprès des dirigeants populistes mobilisant une argumentation antimusulmane. Pour ces puissances, l'internationale populiste de droite est devenue une voie privilégiée d'exercice du *soft power*. Quel rôle jouent les réseaux chrétiens conservateurs dans cette géopolitique ? Cela reste à étudier.

Compromission ?

Au XIXe siècle, la fabrique du commun national, comme unité culturelle, a été la condition de la démocratisation des sociétés européennes. Au XXIe siècle, la dynamique populiste peut être interprétée comme une actualisation de ce processus. La substantialisation chrétienne du peuple semble la condition de la restauration de sa capacité politique nationale. Le populisme est une réaction à l'affaiblissement du socle civique nécessaire à la perpétuation de l'État-nation. Au sein des droites populistes, l'exercice du pouvoir dans les régimes représentatifs est perçu comme un autoritarisme libéral, c'est-à-dire un usage de l'État en vue d'entraver les mœurs majoritaires au nom du respect des minorités et des choix individuels.

À cet égard, il y a dans le populisme une aspiration à une restauration du politique à entendre. Dans la critique populiste du libéralisme politique, certains arguments ne sont pas sans évoquer ceux de Michael Sandel contre la république procédurale de Rawls[17]. L'autorité de l'État n'est plus reconnue comme l'expression d'une communauté historique à l'égard de laquelle les citoyens sont attachés par des devoirs, mais comme la prétention d'une collectivité agglomérée ou d'une « élite déracinée » dont il faut subir les tracasseries administratives et les vexations symboliques. Un style politique reste à inventer pour que la défense du pluralisme et la reconnaissance de la diversité apparaissent comme un approfondissement de l'unité nationale et non comme un affaiblissement.

Comme aux XIXe et XXe siècles, l'exaltation du peuple comme matrice de la cité a un caractère exclusif et violent. Les ennemis ont changé. Hier,

17 - Voir Michael Sandel, « La république procédurale et le moi désengagé », dans André Berten, Pablo da Silveira et Hervé Pourtois (sous la dir. de), *Libéraux et communautariens*, Paris, Presses universitaires de France, 1997.

l'impérialisme était allemand ou soviétique, aujourd'hui, il est identifié au marché économique ou à l'Union européenne. Le capitalisme, en accroissant l'écart entre riches et pauvres et en contribuant à mélanger des populations culturellement hétérogènes, est perçu comme une menace à l'ordre national. Hier, l'ennemi intérieur pouvait être catholique, juif, franc-maçon ou protestant, aujourd'hui, il est identifié aux migrants et plus spécifiquement aux musulmans. Reste que si les motifs ont changé, la structure du populisme de droite est dans la continuité de celle du nationalisme. Et le ralliement d'une partie des chrétiens n'est pas sans évoquer leur compromission antérieure avec d'autres partis de l'ordre, cette fois pour contrer le danger interne et externe qu'était le communisme.

Aux États-Unis comme en Europe, cette tentation est d'autant plus grande aujourd'hui que la foi décline au profit des *nones*, les sans-religion. Leur nombre croissant au sein de la jeunesse américaine manifeste que la sécularisation de la société est en cours. En faisant surgir le culturel du cultuel, la rhétorique populiste permet aux chrétiens de conserver les privilèges dus à une religion majoritaire, alors qu'ils se raréfient. Elle préserve leur statut symbolique à l'abri des moins-values statistiques. Reste que l'opportunité de l'alliance avec les partis populistes est une source de conflit au sein des Églises. Le pape François a utilisé des formules sévères à l'encontre de Donald Trump. Les dirigeants populistes manquent rarement une occasion de dénoncer ses prises de position. En Europe, l'opportunité d'un ralliement aux populistes divise les chrétiens parce qu'il contribue en même temps à séculariser leur foi en culture, et à les maintenir au sommet symbolique de la société alors qu'ils sont en déclin. Cette tentation manifeste leur difficulté à faire le deuil d'une foi qui offre dès ici-bas le salut rassurant d'un ordre social.

Séries noires

Ghislain Benhessa et Nathalie Bittinger

Le cinéma américain ne cesse de mettre en scène la relation ambivalente qui noue l'individu au collectif, le citoyen au corps social, l'électeur anonyme au cénacle politique. De D. W. Griffith à Frank Capra, toute une tradition cinématographique donne à voir des fictions populistes qui dramatisent l'engagement de quelques anonymes contre la machine politique[1].

Le populisme, du grand au petit écran

Les fables de Capra ont tracé les archétypes d'un populisme de gauche, dans lequel le *decent man* se confronte aux arcanes du pouvoir. Chez le cinéaste d'origine italienne qui a conquis Hollywood, l'« homme de la rue », au cœur de son film de 1941, transcende l'écran. Qu'il relate les péripéties d'un poète et joueur de tuba jeté en pâture dans la ville de New York (*L'Extravagant Mr. Deeds*, 1936) ou le combat d'un *boy scout* propulsé sénateur pour satisfaire à son insu les ambitions d'un politicien roué (*Monsieur Smith au Sénat*, 1939), Capra ausculte l'opposition de principe entre la candeur de ces héros d'un jour et l'art du stratagème inhérent à la pratique du pouvoir. Une conflictualité alors nourrie par les stigmates de la guerre de Sécession et, plus largement, l'immensité d'un espace abritant des géographies, des tempéraments et des usages hétérogènes, encore récemment mis en lumière par Jean-Baptiste Thoret dans son *road movie* documentaire, *We Blew It* (2017).

Capra n'est évidemment pas seul dans cette généalogie tourmentée. Dans *La Foule* (1928), King Vidor croque un personnage typiquement américain, de son rêve d'ascension sociale à l'acceptation de sa juste place au sein de la société. Après un éloge du collectivisme (*Notre pain*

1 - Voir David Da Silva, *Le Populisme américain au cinéma de D. W. Griffith à Clint Eastwood. Un héros populiste pour unir ou diviser le peuple ?*, La Madeleine, LettMotif, 2015.

quotidien, 1934), il transpose à l'écran la trajectoire d'un individualiste forcené qui tutoie les cimes (*Le Rebelle*, 1949), d'après le roman *The Fountainhead* d'Ayn Rand (1943) à la source de l'objectivisme, doctrine aussi influente aux États-Unis que méconnue en Europe. De cet héritage plurivoque découle la figure ombrageuse de Clint Eastwood, dont l'œuvre en clair-obscur, aux inflexions libertariennes[2], a récemment dépeint le parcours d'hommes simples face au système : un pilote de ligne dont le courage tranquille est mis en doute par des compagnies d'assurances sans scrupules (*Sully*, 2016) ou la descente aux enfers d'un agent de sécurité sans relief dont l'héroïsme insoupçonné devient suspect aux yeux de la police, de la justice et de la presse (*Le Cas Richard Jewell*, 2019). Soit l'éternelle parabole des sans-grade contre les puissants, version sociale (Capra) ou libertarienne (Eastwood).

Ce populisme à l'ancienne, qui puise ses racines dans l'histoire des États-Unis, n'est toutefois pas la cible des séries contemporaines. Au regard de la défiance galopante des citoyens envers les élites – marque structurante des populismes actuels –, certaines œuvres redéfinissent la place du spectateur, non plus témoin critique du machiavélisme mais complice imaginaire. Si l'arène politique se résume au spectacle du mensonge, de la trahison et du crime, il ne reste qu'à opiner complaisamment du chef et à participer à ce jeu de massacre sans fin (*House of Cards*, 2013-2018). Les créateurs de séries ont encore développé d'autres options fictionnelles. Prenant acte que la scène politique n'est plus le lieu de la décision, absorbée par des multinationales omnipotentes et leurs conseils d'administration sans visage, *Mr. Robot* (2015-2019) propose au spectateur une solution limite : pirater le capitalisme liquide pour rendre le pouvoir au peuple. Soit le *hacking* comme création de communautés alternatives et retour (illusoire) au temps d'avant. Et lorsque les séries hantées par le populisme ne lorgnent ni vers la satire violente ni vers la geste marxienne, elles tirent le fil des périls actuels en investissant le champ de la dystopie. *Years and Years*

Lorsque les séries hantées par le populisme ne lorgnent ni vers la satire violente ni vers la geste marxienne, elles tirent le fil des périls actuels en investissant le champ de la dystopie.

2 - Voir Gwendal Châton, « Entre revendication artiste et gramscisme de droite : le cinéma de Clint Eastwood comme apologie du libertarianisme américain », *Quaderni*, n° 86, 2015, p. 39-54.

(2019-…) fait ainsi la chronique d'un populisme triomphant dans l'Angleterre post-Brexit, entre multiplication des embolies financières, crise migratoire et chaos géopolitique et climatique. Si les approches restent diverses, le tableau d'ensemble est crépusculaire.

L'abjection charismatique

Le scepticisme à l'égard des élites – et plus particulièrement du personnel politique – n'est pas un sujet de cinéma récent. Dès la fin des années 1960, dans le sillage de l'assassinat de Kennedy et de l'éclosion de la contre-culture, la désignation des représentants du peuple passe au scalpel du doute. *Votez McKay* (Michael Ritchie, 1972) brosse le portrait d'un jeune candidat démocrate à l'élection présidentielle dont les utopies se fracassent sur la machine électorale, jusqu'à la tétanie. Il découvre la puissance électrique de la foule lors de ses meetings et le peuple bigarré, volatil, en contrechamp de la tribune. L'élection n'est plus le temps du débat idéologique, mais celui du *show*, exacerbé par les dons et les slogans publicitaires (toile de fond des *Hommes du président* d'Alan J. Pakula, 1976). Son issue dépend moins de la pugnacité du candidat que de sa faculté à enterrer les scandales sexuels qui lui collent à la peau (*Primary Colors*, 1998, de Mike Nichols, inspiré de la campagne de Bill Clinton de 1992). Braquant la lumière sur les angles morts d'un processus électoral aussi déceptif qu'artificiel, le cinéma favorise indirectement le sentiment de déconnexion des élites. Soit l'un des carburants du populisme.

Au tournant des années 2000, les séries reprennent le flambeau. Et parmi les *« nouveaux méchants*[3] *»* qui peuplent cet empire télévisuel du mal jaillissent Frank et Claire Underwood, le couple démoniaque de *House of Cards*. À l'orée de la première saison, Frank (Kevin Spacey) est le nouveau *whip* du Parti démocrate : c'est à lui de s'assurer que les élus suivent les consignes de vote fixées par le parti. Aux côtés de sa femme (Robin Wright), à la tête d'une Ong environnementale, Frank gravit les dernières marches qui le séparent de la fonction suprême. Si la série franchit un cap décisif dans la représentation des gouvernants qui tirent les ficelles (Frank est le plus habile des marionnettistes), c'est

3 - François Jost, *Les Nouveaux Méchants. Quand les séries américaines font bouger les lignes du Bien et du Mal*, Montrouge, Bayard, 2015.

par son utilisation du regard caméra et de l'adresse directe au spectateur. Le *off* du politique passe des coulisses à la pleine lumière et n'épargne aucune compromission, cœur de l'élection et du règne sans partage des Underwood qui sèment les cadavres sur leur passage.

Dès la séquence inaugurale, la mécanique programmatique est posée. Frank met fin à l'agonie d'un chien renversé par un chauffard, geste hors champ qu'il assortit de ce commentaire face caméra : *« Ce type de situation requiert quelqu'un de pragmatique. Qui fera ce qui n'est pas plaisant, mais nécessaire. »* À l'ouverture de la saison 3, de passage dans sa ville natale, Frank délaisse les journalistes pour se recueillir sur la tombe de son père : *« Oh, je suis obligé de faire ce genre de choses. Cela me rend plus humain. Et le président se doit d'être un peu humain. »* Avant d'uriner sur la stèle.

Jamais le démontage des arcanes du pouvoir n'avait été exhibé avec un tel cynisme, entre *Realpolitik* et utilitarisme dévoyé. Jamais le spectateur n'avait été si grossièrement invité à partager les subterfuges sordides et les secrets d'alcôve qui pavent la route vers la Maison-Blanche. En brisant le quatrième mur sur le temps long de la série, *House of Cards* s'érige inconsciemment en plaidoyer joyeusement abject pour une démocratie directe dégradée : si le système représentatif n'est que médiations fallacieuses et mensonges à chacune de ses strates, mieux vaut privilégier la relation immédiate avec le grand ordonnateur et criminel en chef. À être trahi, autant l'être par le roi.

La série n'a certes pas su maintenir sa puissance subversive. Elle s'est achevée sur une dernière saison médiocre, lestée par la mise au ban de Kevin Spacey, accusé d'agressions sexuelles dans le contexte de l'affaire Weinstein. Toutefois, son dispositif a suffisamment imprimé les consciences pour que l'acteur, à mi-chemin entre réalité et fiction, reprenne son rôle pour assurer sa défense dans des vidéos diffusées sur la toile : *« Je sais que vous voulez mon retour. Bien sûr, certains ont tout cru et ont attendu avec impatience que j'avoue, m'entendre dire que tout est vrai et que j'ai reçu ce que je mérite. Mais vous et moi savons que ce n'est jamais aussi simple, en politique ou dans la vie. »* Comme si endosser le costume odieusement charismatique de Frank Underwood et prendre le public à témoin restait le meilleur moyen de mettre en doute les accusations criminelles…

Mr. Robot ou l'illusion de la *tabula rasa*

Populisme et théorie du complot paraissent indissociables, comme si la défiance croissante envers toute forme de lisibilité du monde alimentait presque naturellement les dérives populistes. Telle est l'hypothèse de *Mr. Robot*, plongée vertigineuse dans un conspirationnisme à grande échelle, qui frappe à la fois les institutions politiques, l'univers feutré de la finance internationale et le système capitaliste globalisé. Un thème que le créateur de la série, Sam Esmail, a exploré dans une autre réalisation, *Homecoming* (2018), relecture méta-filmique des œuvres de complot des années 1970 – de *Conversation secrète* (Francis F. Coppola, 1974) à *Marathon Man* (John Schlesinger, 1976) – couplée aux intrigues militaro-industrielles déployées par *X-Files* (1993-2002). Dans *Mr. Robot*, Elliot Alderson, ingénieur en sécurité informatique le jour et cyber-justicier la nuit, atteint de troubles dissociatifs de l'identité, est recruté par un mystérieux *hacker* qui l'entraîne dans sa croisade : démanteler *E. Corp*, le conglomérat le plus puissant du monde, première étape vers la destruction du capitalisme. Mais la structure qu'ils s'emploient à briser à coup de lignes de code et de logiciels malveillants n'est que la première figurine d'une gigantesque poupée gigogne contrôlée par une entité secrète, la *Dark Army*, elle-même dirigée de main de fer par l'insaisissable *Whiterose*. Soit un enchevêtrement de strates infinies, à l'image des multiples personnalités qui habitent l'univers mental du protagoniste.

Mr. Robot prolonge ainsi la lecture complotiste du monde jusqu'à sa phase terminale : disparition de l'État de droit et de la séparation des pouvoirs, mise au pas du politique par l'économique, inféodation des organes représentatifs à d'obscurs cénacles constitués des plus grandes fortunes de la planète. En plein krach, le locataire fictif de la Maison-Blanche n'apparaît qu'en toile de fond, simple récipiendaire des instructions dictées par quelques magnats aux intérêts convergents. La légitimité politique est obsolète, supplantée par ces nouveaux dispositifs occultes de pouvoir et leurs normes autoproduites. Ne subsiste pour le peuple qu'une place périphérique, relique embarrassante d'un âge révolu de la démocratie.

Dans ces conditions, *Mr. Robot* n'entrevoit qu'une issue. En écho à l'emblématique *Fight Club* (1999) de David Fincher, la série envisage le piratage du capitalisme comme seule perspective pour sonner l'alarme et remettre les compteurs à zéro. Orchestrer le plantage du système

– bancaire, boursier, monétaire, financier – pour faire table rase. À cette occasion, *Mr. Robot* propose subrepticement l'hypothèse d'un soulèvement populaire, alimenté par les vidéos d'Elliot et de ses lieutenants, allusion aux mouvements sociaux contemporains qui peuplent également le *Joker* de Todd Phillips[4] (2019). Œuvre en trompe-l'œil modelée par la dépression chronique de son anti-héros, *Mr. Robot* est toutefois plus ambigu : nul véritable salut dans ce dédale capitalistique aux confins de l'horreur. À l'image des sociétés écrans démultipliées et de leurs innombrables pare-feu, le « réel » s'efface toujours derrière une version alternative ou un autre cauchemar. La révolution n'est peut-être qu'une hallucination.

Years and Years, *lucarne contre-populiste*

Fresque dystopique qui prédit l'écroulement des démocraties gangrenées par le populisme et frappées par des catastrophes en chaîne, la série britannique *Years and Years* s'amorce en 2020. L'arrivée du dernier-né de la famille Lyons provoque chez son oncle un mélancolique chant du cygne : *« Oublions le gouvernement. Les banques me terrifient. Ou plutôt les sociétés, les marques, les entreprises qui nous traitent en algorithmes et qui polluent l'air, le climat, la pluie. Et je parle même pas de Daech. Et maintenant les États-Unis. Je n'aurais jamais cru en avoir peur. Toutes ces* fake news… *Je ne sais plus où est la vérité. Dans quel monde on vit, franchement ? S'il est aussi pourri maintenant, ça donnera quoi quand tu auras 30 ans ou 10 ans ? Ou même 5 ans ? »* Dans une contraction temporelle frénétique – cinq années brossées au pas de charge en trois minutes –, un montage-séquence des anniversaires du bambin se voit scandé par le déferlement de nouvelles aux effluves apocalyptiques : réélection de Donald Trump, offensive géopolitique chinoise, montée en puissance de la candidate populiste aux élections législatives, coup d'État de l'armée russe en Ukraine, afflux des réfugiés. La série verse dans une rhétorique du chaos et de l'effondrement pour prédire l'implosion du régime parlementaire.

La petite et la grande histoires, marquées par une succession de débandades démocratiques, s'interpénètrent dans cette saga familiale où chaque membre est le représentant d'un courant idéologique : sous l'œil de la

4 - Voir l'article de Nicolas Léger, « De quoi le Joker est-il le masque ? », dans ce numéro p. 103.

truculente grand-mère, témoin du siècle passé, la génération adulte se partage entre une pro-populiste et un pro-migrant, une activiste et un cadre de la finance en pleine banqueroute, rétrogradé en simple livreur. L'aînée des enfants, persuadée que son avenir est transhumain, rêve de transférer ses données dans un ordinateur pour se réincarner sur la toile. Dans cet univers délétère, Emma Thompson interprète une candidate populiste sans parti, arc-boutée sur le prétendu bon sens populaire, qui dynamite l'espace médiatique à coup de déclarations chocs. Sa première apparition télévisuelle suscite la réprobation outrée des élites, mais aussi un engouement viral massif, lorsqu'elle claironne *« se foutre »* d'Israël et de la Palestine pour ne s'intéresser qu'au ramassage des poubelles. Propulsée à la tête du gouvernement, elle adopte des mesures liberticides en déclarant le couvre-feu dans les zones populaires de la capitale ou en parquant les migrants dans des quasi-camps de concentration.

Diffusée de mai à juin 2019 sur BBC One, soit en pleine confusion liée à la gestion du Brexit, *Years and Years* s'érige en pythie contre-populiste. La série brosse l'effrayant portrait d'un Royaume Uni en déliquescence, miné par la paralysie du politique. Elle grossit le trait pour faire du populisme une hypothèse diabolique, à mi-chemin entre mascarade clownesque et résurgence totalitaire – les années 1930 en ligne de mire. Sur le mode de l'alerte bruyante, elle se veut une lucarne sur l'avenir à destination des électeurs indécis face aux choix électoraux qui leur incombent. Et c'est là probablement sa limite, comme en témoigne l'éclatante victoire de Boris Johnson et des *Brexiters* aux élections législatives. Si la fiction permet la figuration de tous les possibles, elle n'a que rarement le pouvoir de façonner le réel. Parce que le pire n'est pas toujours certain, le mettre en spectacle ne peut suffire à le conjurer.

De quoi le Joker est-il le masque ?

Nicolas Léger

> *« Or que se passe-t-il lorsque le perdant radical surmonte son isolement, lorsqu'il s'allie à ses semblables, trouvant refuge dans un cercle de perdants, dont il n'attend pas seulement qu'il le comprenne, mais aussi qu'il lui témoigne son respect – un collectif de gens qui lui ressemblent, qui l'accueillent chaleureusement, qui ont besoin de lui ?*
>
> *C'est alors que se décuple l'énergie destructrice dont il est porteur, lui faisant perdre ses derniers scrupules : un mélange de pulsion de mort et de mégalomanie s'opère, à son impuissance vient se substituer un sentiment de toute-puissance aux conséquences catastrophiques*[1]. »

Le Joker est partout : manifestations en France et à travers le monde, images de profils sur les réseaux sociaux, couvertures d'hebdomadaires. Le masque au sourire grinçant excède le cadre de la culture populaire et envahit l'espace médiatique. Et politique ? Objet de réappropriations nombreuses, le Joker cristallise les stigmates de sociétés désenchantées, saisies par de multiples mouvements de colère et de contestation. Si la figure du Joker est déjà ancienne, c'est le film de Todd Phillips, sorti en 2019, qui lui a redonné toute sa force. Immense succès d'audience, le film a également essuyé nombre de critiques : apologie de la violence gratuite ou caricature « populiste » pour les uns, fresque sociale en faveur des oubliés pour les autres, il réinvente une figure révolutionnaire. Une étrange mise en abyme a eu lieu : tout comme le personnage Arthur Fleck devient le Joker à son corps défendant, le film est devenu un emblème et une icône pour toutes sortes de dissidences, bien que son réalisateur se défende d'avoir fait un film politique.

1 - Hans Magnus Enzensberger, *Le Perdant radical. Essai sur les hommes de la terreur*, trad. par Daniel Mirsky, Paris, Gallimard, 2006, p. 24.

Singulier dans la litanie de films adaptés de *comics*, *Joker* opère un pas de côté en donnant la vedette à un anti-héros charismatique. Depuis 2001, les films de super-héros ont été avant tout le creuset d'une réflexion post-11-Septembre, au travers desquels l'Amérique a scruté ses failles et blessures[2]. *Joker*, quant à lui, explore une autre ligne sismique contemporaine : l'avènement des violences à l'âge des inégalités et l'écrasement de l'individu par le libéralisme économique. Ce récit d'une subjectivité pathologique et torturée a fonctionné comme un miroir contemporain trouvant un large écho. En effet, le Joker de Todd Phillips n'affronte pas un héros-justicier mais un monde dépeint comme cruel et corrompu. Don Quichotte tourmenté, il revêt, dans sa monstruosité, une humanité et une vulnérabilité qui font toute son ambivalence. Insurgés, militants et manifestants à travers le monde (Liban, France, Chili, Irak, Liban…) s'y sont reconnus et en ont fait l'effigie de leur mal-être. Que signifie cette identification à un personnage de fiction dans le champ de l'action collective ? Quel sens donne-t-elle au spectacle du politique ? Signe d'un imaginaire culturel désormais mondialisé se départant des icônes politiques d'autrefois, ces reprises indiquent aussi la recherche d'un récit que l'on peut s'approprier à l'ère d'une crise de la représentation.

Inversion des stigmates et radicalité

Le film *Joker* met en scène un personnage essentiellement ambivalent : il provoque empathie et rejet, oscille entre victime et bourreau[3]. Il poursuit un renouvellement constant du personnage créé dans les années 1940, inspiré de *L'Homme qui rit* de Victor Hugo. Némésis de Batman, sa singularité en a fait une figure fascinante et riche, notamment pour les auteurs. Au cinéma, Tim Burton, dans son *Batman* de 1989, confie le rôle à Jack Nicholson : membre de la pègre défiguré par l'acide, ce Joker est un

2 - Voir Laurent de Sutter (sous la dir. de), *Vies et morts des super-héros*, Paris, Presses universitaires de France, 2016.

3 - Les meurtres du film, explicitement mis en scène, sont parés d'une certaine légitimité : *traders* arrogants qui agressent une jeune femme, collègue manipulateur qui profite de la vulnérabilité des faibles… Les autres meurtres que sont ceux de la psychiatre ou de la voisine de palier sont simplement suggérés. Il est donc aisé pour le spectateur de voir dans la violence une réaction vengeresse. De même, le personnage, pris de fous rires douloureux, présente une carte expliquant sa pathologie : allégoriquement, c'est sa carte « joker ». L'ambiguïté demeure, selon que l'on y voit une explication ou bien une justification.

dandy criminel s'inscrivant dans un jeu de double et de filiation malsaine avec le super-héros. Plus récemment, en 2008, *The Dark Knight* de Christopher Nolan met en scène un Joker, punk nihiliste, aux origines mystérieuses. Il fonctionne comme un élément perturbateur et révélateur d'un héros et d'une population inquiète, prête à sacrifier ses principes au profit du sécuritaire. Le film *Joker* de 2019, porté par Joaquin Phoenix, a réécrit les origines du personnage tout en occultant le personnage de Batman. La lutte n'est plus avec un héros incarnant le Bien, mais avec une société impitoyable et à bout de souffle.

Comédien de *stand-up* raté et isolé, le rôle de Joaquin Phoenix renoue avec la veine hugolienne de *L'Homme qui rit* ou du bossu de *Notre-Dame de Paris*. Son visage est un stigmate qui porte et montre les affronts du monde dans lequel il vit : il en est sa créature. La toile de fond sociale fait de cette naissance d'un monstre le surgissement d'un refoulé destructeur. La ligne forte du film est d'universaliser une figure autrefois filmée dans son excentricité et sa subjectivité cruelle. La folie criminelle est rendue dans une dimension clinique et pathologique, fonctionnant comme un déterminisme. De là, une ambivalence se retrouve dans la réception et les interprétations du public : le Joker est-il l'acteur de sa révolte ou le produit d'une collectivité malade et aliénante ?

Des thèmes forts dans leur contemporanéité rythment le récit : sentiment de marginalité, mise en trouble des espaces médiatiques, inversion des stigmates sont les ressorts de la genèse du sociopathe qu'est ce nouveau Joker. Le mal n'est plus l'essence du personnage, mais l'effet du monde sur lui. Les décors urbains et réalistes (proche du New York des années 1980) du film portent quant à eux une dichotomie entre des délaissés et des nantis cyniques et méprisants. Tout concourt à l'explosion dans cette ville de fiction en proie aux tensions : le Joker est la flamme qui met le feu à une poudrière sociale. Tout au long du récit, les blessures individuelles du personnage d'Arthur Fleck trouvent un miroir constant dans une crise collective. Individu marginal et précaire, il deviendra le Joker sous les coups répétés d'une déchéance sociale et psychologique. *Joker*, dans son récit d'un devenir, élabore une entité qui finit par dominer un individu auparavant faible. Cinématographiquement, le Joker apparaît d'ailleurs souvent dans des miroirs, focales de caméra, écrans de télévision ou chorégraphies

Le mal n'est plus l'essence du personnage, mais l'effet du monde sur lui.

esthétiques dignes du music-hall : un double maléfique d'Arthur Fleck. Il est une image contagieuse et inquiétante : cette contamination a ironiquement dépassé le cadre du film pour investir les images de manifestations récentes. Là est le coup de force de Todd Phillips : avoir saisi le Joker dans sa puissance visuelle et esthétique. Tel un malin génie, il semble prêt à investir tout sujet brisé et humilié. Il y a une contingence de cette folie et de cette apparence qui atténue la singularité du personnage.

Le Joker représente la possibilité d'une survie en retournant la destruction de soi vers le monde. Il déstabilise la rigidité d'une société qui écrase et exclut, tissée de solitudes, pour rencontrer ses semblables dans une ordalie commune. Ce mimétisme s'est rejoué dans les rues et sur les réseaux sociaux. En effet, dans sa radicalité, le Joker n'est pas une figure fédératrice ou constitutive d'un horizon politique. Il marque bien plutôt un individualisme qui ne parvient pas à faire corps dans une collectivité insurgée. Plus que l'avenir d'un « nous », il est l'affirmation violente d'un « on » exaspéré. La perte d'une confiance dans l'avenir se double d'une jouissance presque désespérée de se libérer enfin de l'humiliation et de signifier un retour de flamme.

Le Joker représente la possibilité d'une survie en retournant la destruction de soi vers le monde.

Visibilité et menace

Le masque du Joker offre une visibilité spectaculaire à l'invisibilité sociale tout en maintenant l'anonymat. Son message signifie une condition commune. Le réalisateur Todd Phillips a d'ailleurs puisé son inspiration dans *Batman: The Killing Joke*, récit des origines du personnage créé par Alan Moore, également l'auteur de la bande dessinée *V pour Vendetta*. Le masque de théâtre du personnage de cette dernière, souriant, aux moustaches fines, référence à l'anarchiste anglais Guy Fawkes, avait déjà fleuri sur Internet et dans les manifestations à travers le monde. Il était notamment devenu l'effigie du mouvement Anonymous.

Joker comme *V pour Vendetta* ont pour cadre des mondes dystopiques et inégalitaires : la vision d'une société scindée entre dominés et dominants fait de ces héros marginaux des particules qui cherchent à en paralyser le centre névralgique, s'en sachant les victimes meurtries et exclues. Le masque permet à la fois d'exprimer une humeur vengeresse et d'échapper à l'identification. Si le masque connaît un tel engouement en ce début de XXIe siècle, s'il devient un marqueur générationnel, c'est bien parce qu'il est, en plus de sa charge symbolique, un moyen simple de défier surveillance et contrôle ou de prolonger l'anonymat des réseaux sociaux.

Le masque de clown est paré d'une subversion et d'une désinhibition supplémentaire à l'égard des codes admis et des institutions : il désarme son opposition, par un écart imprévisible qui trouble les modes de contestation devenus inefficaces et en perpétuelle recherche de visibilité dans le flot continu des événements. Le temps n'est plus au dialogue, mais au rejet et à la menace. Son aspect carnavalesque souligne le besoin de signifier sa présence au-delà de la simple anonymisation et ce par un signe reconnaissable de tous, craint par les uns et emportant la sympathie des autres. Il rejoint la tradition de la *persona* : à la fois apparence choisie et procédé qui rend audible et visible. C'est une identité ponctuelle qui prend le dessus sur l'individu en temps de tempête collective et offre un sentiment d'appartenance et de reconnaissance.

Le spectacle de la colère

La rue n'est pas le seul théâtre de l'expression de la colère : l'espace médiatique est fondamental dans le film. La télévision, avec ses *shows* propices aux quarts d'heure warholiens, est aussi vécue comme un temps d'intimité tout artificielle. Grand Autre bienveillant et fantasmé, elle est le lieu où le Joker entre en scène et s'offre au regard de tous.

Ainsi, le présentateur d'un *late show*, joué par Robert De Niro[4], est une figure paternelle de substitution pour Arthur Fleck qui rêve d'être distingué dans le public et de faire la fierté de l'animateur. La rencontre aura lieu, mais de manière bien différente : il est invité sur le plateau après la diffusion d'une vidéo dans laquelle Arthur s'était ridiculisé dans un numéro de *stand-up* du fait de ses rires pathologiques irrépressibles. Prévoyant de se suicider en direct, il retourne finalement son arme contre l'animateur auparavant idolâtré. Celui qui était considéré comme un guide

4 - Qui compte parmi les nombreuses références à Scorsese, producteur du film. Il y a une filiation évidente et appuyée du Joker aux personnages asociaux de *La Valse des pantins* ou de *Taxi Driver*.

moral fantasmé devient un traître aux yeux d'Arthur Fleck qui projette sur lui ses désillusions. Mieux : il choisit de prendre désormais pour nom celui dont l'avait affublé ce père symbolique pour le ridiculiser : « Joker ». Cette scène est celle de l'irruption d'une violence, mais aussi de l'émergence d'une parole plaintive et revendicatrice, jusque-là inouïe dans le bruit du divertissement et les scripts de prompteurs. Le voile des illusions est déchiré et le réel surgit dans le sang. Le Joker entend s'approprier la lumière dans une adresse directe aux spectateurs. La parole médiatique n'est plus jugée digne et fiable : médiation falsificatrice des événements, elle est considérée comme une mutilation, un euphémisme ou une occultation. Seuls le spectacle de la violence concrète ou l'accaparement de l'image seraient en mesure de neutraliser ce dispositif étouffant. Le Joker incarne à ce moment une élévation décisive du comique au tragique, du risible au glaçant : le clown ne fait plus rire. *« Rien de politique »*, affirme le personnage, il ne veut *« que faire rire les gens »*.

Cet instant de violence imprévu sonne le début des émeutes : le crime se fait performance, coup de théâtre, éveil de toutes les consciences malheureuses. Le personnage en perpétuel décalage dans ses rires et comportements, à la marge du corps social, définit alors son rythme propre en une osmose inquiétante. Le bégaiement devient anathème et les chutes maladroites se font chorégraphie offensive et maîtrisée. Quelques instants plus tard, entouré de la foule, les bras ouverts sur le capot d'une voiture de police en flammes, le Joker devient la figure d'un messianisme vengeur. Sa radicalité n'effraie pas, mais électrise. Symboles, corps et gestes prennent le dessus sur les discours. Advient un moment d'accord à soi dans une déflagration dévastatrice : un moment de vérité et de parole qui défait les hontes et les inhibitions. Cette fiction et sa représentation à l'écran résonnent visiblement dans notre contemporain, exprimant avec efficacité les colères et les espoirs d'un nouveau monde, qui passerait par la destruction de l'ancien.

Le succès du film est le symptôme d'une rencontre entre un personnage de fiction et notre temps. Les super-héros sont devenus les derniers représentants de mythologies exposées aux doutes, fragilisés par l'introspection mélancolique ou encore tentés par un devenir fascisant : tout est-il permis au nom de ce que l'on suppose être le Bien ? La fin sécuritaire justifie-t-elle tous les moyens ? Mais la figure antagoniste du Joker s'humanise et se popularise. Même si elle demeure dans la marge et ne peut pleinement faire l'objet d'une empathie totale, elle fonctionne comme un étonnant révélateur de la manière dont les acteurs sociaux se représentent ou, tout au moins, dont ils entendent être perçus. Un excès se fait jour, prêt au basculement en dehors des moyens institutionnels raisonnablement admis. La fascination pour le tragique du personnage et sa désinhibition montre un désir de reconnaissance qui, dans le sentiment d'impasse, cherche, quoi qu'il en coûte, à se dire. Une exaspération s'est découverte, partagée par un grand nombre qui exige d'apparaître dans le spectacle du monde sans compter sur les codes reçus. Le temps est à la quête de visibilité et au retournement des stigmates, repoussant commentaires et assignations dans le domaine du dérisoire. L'aspect carnavalesque du personnage marque un moment politique et social, oscillant entre poussées nihilistes et désirs de renouveau, ambivalence que partage le populisme.

Varia

Notre-Dame, un grand livre de pierre

Georges Nivat

Le soir du 15 avril 2019, vers 18 heures 35, passant en taxi sur le quai de la Seine, j'avais à ma gauche le petit square de Saint-Julien-le-Pauvre, j'avais à ma droite, de l'autre côté du bras de Seine, Notre-Dame, mais je vis aussitôt une petite flamme et un panache de fumée noire qui montaient de la flèche de la cathédrale. J'étais loin d'imaginer que les pompiers ne maîtriseraient l'incendie naissant que vers cinq heures du matin, sauvant l'ossature de pierre de la cathédrale, mais que la charpente et la flèche allaient s'effondrer, noyant la nef ouverte sur le ciel rouge sang de débris de charpente et de plomb fondu.

Signe des temps

Qui dit Notre-Dame de Paris dit Victor Hugo. Son roman parut en 1831 ; il lui avait été commandé par un éditeur qui voulait un roman à la Walter Scott. Scott venait de créer le roman historique et toute l'Europe en voulait. Ce qu'on comprit mieux après le livre de Lukács, écrit en 1937 (à Moscou) : finis les héros et les grands chefs ! Au centre du fleuve histoire, des personnages dont les pensées restituées coulaient naturellement. Toute l'Europe rivalisa donc à qui mieux mieux avec Walter Scott, et Tolstoï porta le roman historique au zénith, en parachevant – pour un temps – la destruction des grands hommes.

Hugo exécuta magnifiquement cette commande : ses personnages pensent, souffrent et vivent comme au XVe siècle. Un XVe siècle, bien sûr, tel que l'imagine Hugo en fonction de son propre siècle commençant. Son lecteur et lui ont connu la chute de l'Ancien Régime, le brasier de la

Révolution, l'avènement d'un empire, une Restauration prudente et une reprise de feu tout juste jugulée en 1830 pendant les Trois Glorieuses. L'incendie couve-t-il encore ? Hugo ajoute un personnage central, comme firent Balzac, Dickens ou plus tard Zola : un personnage collectif, mystérieux, *la ville*, plus exactement la ville grouillant de vie autour de la cathédrale, et que l'on va, dans le roman, voir assiéger la cathédrale, avec l'armée des gueux. Avant que le sombre Louis XI, caché dans une petite pièce de l'immense Bastille, n'envoie son fidèle sbire massacrer la populace. Personnage central, cette cathédrale ténébreuse était, telle que la décrit Hugo en cette fin du Moyen Âge, déjà à moitié en ruine. Mais une ruine fière, et qui se dressait devant le peuple comme un immense livre que l'on ne savait plus déchiffrer.

Que pouvait-on y lire ce soir de 1482 où Hugo imagine que le bossu sourd et hideux, Quasimodo, allume un immense feu dans la forêt de la nef, et fait couler le plomb sur les assaillants de la cathédrale ? Que pouvait-on lire ce soir de 2019, six cents ans plus tard, lorsqu'une foule immense et abasourdie, réunie par la télévision mondiale, regardait s'embraser la nef et la flèche qui marque, ou plutôt marquait, le cœur de Paris et celui de la France, l'axe du royaume depuis la décision du roi franc Clovis en l'an 508, inlassablement renforcée par tous les régimes depuis ?

Dans une scène des plus réussies de son roman, Victor Hugo met face à face l'archidiacre de la cathédrale Claude Frollo – qui a épuisé l'étude de la théologie, de la médecine, de l'astrologie, de l'herméneutique, de l'alchimie et de toutes sciences qu'enseignait alors l'Université, sur la rive gauche du berceau de la Cité – et un visiteur mystérieux, qui n'est autre que le roi Louis XI, désireux de rencontrer l'inquiétant alchimiste à demi-fou de la cathédrale. Et c'est alors que Hugo médite sur ce qu'offre à lire l'immense cathédrale en cette fin du XVe siècle. On arrive, nous dit-il, à la fin d'une civilisation et à la naissance d'une autre. Le mot énigmatique que Hugo nous dit dans sa préface avoir lui-même déchiffré sur une pierre entre les deux tours (on pouvait à son aise errer dans les hauteurs de la cathédrale à cette époque), le mot *Anankè*, ou fatalité, exprime l'inéluctable fin d'une immense époque : déjà ni le peuple ni les savants ne savent plus lire l'immense livre de pierre de la cathédrale. Et Hugo, de façon saisissante, nous donne à voir ce que va devenir la cathédrale : une ruine, une ruine qui déjà apparaît sous le bâtiment encore debout…

Dès le lendemain du soir fatal, je retournai sur l'île Saint-Louis, et la vue du chevet de la cathédrale était effectivement celle d'une ruine, d'un squelette dépouillé déjà de sa chair, d'une voûte immense dont il ne restait plus que les arcs et qui donnait droit sur le ciel, comme dans ces ruines anciennes de Jumièges, ou d'autres abbayes restées éventrées après un incendie, telles que les célèbre Chateaubriand dans *Le Génie du christianisme*. Au XVIIIe siècle, on aimait tant les ruines qu'on en construisait, comme les ruines du Désert de Retz près de Versailles. J'avais l'impression de retrouver cette poétique des ruines que l'auteur de *René* attribue aux ruines d'Écosse, parées, comme il dit, de la poésie d'Ossian.

Chose étrange, la France du 16 avril 2019 oublia pour quelques jours ses lois sur la laïcité dans l'espace public, qui interdisent toute procession religieuse dans la rue. Des groupes de jeunes catholiques partaient du square de Saint-Julien-le-Pauvre et allaient en chantant des cantiques vers l'île Saint-Louis, face au chevet de l'église encore fumante. Aucune maréchaussée ne tenta de le leur interdire. Je n'avais plus vu tel spectacle depuis mon enfance : les processions dans mon Clermont-Ferrand natal étaient nombreuses, immenses, paralysaient toute la ville le 15 août. Ce 16 avril 2019, la France, même insoumise, même trotskiste, oubliait son athéisme militant ou son anticléricalisme viscéral. On se précipita dès le début de l'incendie pour aller sauver la Sainte Couronne d'épines, deuxième relique chrétienne la plus vénérée, après le Saint Suaire de Turin… La Sainte Couronne est à présent à l'abri au Louvre. Du palais épiscopal elle est retournée au palais royal – mais les deux édifices appartiennent aujourd'hui à la République et aucun évêque ne s'en plaindra : aucun ne pourrait entretenir une cathédrale, aucun ne pourrait à lui tout seul la relever de la ruine.

Hugo était croyant, mais pas en l'Église, qu'il abhorrait : pour ses obsèques nationales, l'immense cortège de deux millions de personnes qui alla de l'Arc de triomphe au Panthéon ne fit pas halte à Notre-Dame, et le Panthéon, qui avait été rendu par la Restauration au culte catholique, fut à nouveau et définitivement désacralisé à l'occasion de cette nouvelle « panthéonisation ». Notons que si le roman de Hugo fait magnifiquement vivre l'immense cathédrale, la foi et la piété y ont très peu de place. À peine mentionne-t-il, quand Esmeralda, sauvée du bûcher par

Hugo voit la cathédrale comme un monument moins religieux que culturel.

Quasimodo, recluse dans la minuscule cellule cachée sous la tour sud, entend vaguement s'élever dans l'édifice le murmure des cantiques chantés en bas, qu'elle sent monter en elle une brume de pieuses pensées, agissant sur elle *« comme un calmant »*. Hugo voit la cathédrale comme un monument moins religieux que culturel. Avec l'avènement de l'imprimerie de Gutenberg, un autre livre, fait de papier, imprimé à millions d'exemplaires, va substituer la liberté et la démocratie à l'obscurantisme clérical.

Le registre du destin national

L'émotion mondiale, pour une journée ou deux, mit l'humanité presque entière, reliée par Internet et la télévision, face au spectacle de l'incendie sacrilège (provoqué par les travaux de restauration que l'on y entreprenait, comme ce fut récemment le cas au château de Windsor, à Nantes, à Venise). L'incendie nous rappelait ce que nous avions entendu de Paul Valéry en 1919 : *« Nous autres civilisations savons maintenant que nous sommes mortelles. »* Mais comme pour chaque être humain, se savoir mortel et se voir mourir sont choses différentes… Dans *Les Démons* de Dostoïevski, l'incendie de la fabrique des Chpigouline attire des centaines de badauds nocturnes, de fêtards, et pour finir toute la petite ville. Le 15 avril 2019, ce ne furent pas des centaines, mais des milliards d'hommes qui accoururent sur les médias. L'audience fut sans doute du genre de celle qu'eurent le premier pas d'Armstrong sur le sol lunaire, ou l'attaque des deux tours à New York le 11 septembre 2001 par les Boeing suicidaires. Mais à quoi ce feu contemplé mondialement faisait-il penser ces voyeurs planétaires ?

Le président Emmanuel Macron se hâta de nier tout *Anankè* : nous referons la cathédrale plus magnifique que jamais, avec une flèche plus belle que celle de Viollet-le-Duc… En effet, la flèche que nous connaissions tous datait de 1860, remplaçant une autre flèche dont les Parisiens avaient perdu le souvenir, puisqu'elle avait été démontée en 1780 en raison de sa vétusté. Viollet-le-Duc a refait une multitude d'édifices gothiques ou romans en France, on lui doit Carcassonne et ses remparts, les flèches de plusieurs cathédrales, dont celle de Clermont-Ferrand, telle que je l'ai toujours vue, mais très différente de ce qu'elle était avant son intervention. Il est le père de notre imaginaire historique. Les polémiques gauloises mirent quatre à cinq jours pour revenir : fallait-il un concours pour imaginer une autre flèche ? Fallait-il fixer un délai de cinq ans ? (Il en faudrait sans doute deux pour que le bâti sauvé sèche.) On vit une armée de conservateurs de tout poil défendre Viollet-le-Duc et son gothique imaginaire.

Notre-Dame n'était plus vraiment un lieu de culte, tel que l'avait conçu et voulu l'évêque de Paris Maurice de Sully (il n'en vit pas l'achèvement), mais une sorte de lieu symbolique, ou, encore, comme dit l'auteur du remarquable article dans *Les Lieux de mémoire*[1], un *« simultaneum »*, où l'on pouvait tout célébrer, fêtes religieuses et fêtes républicaines, où le culte de Marie n'avait pas totalement repris le dessus sur le culte de la Nation. Car c'est ici que l'Être suprême et les Droits de l'homme ont été solennellement proclamés. Ici que l'ensemble sculptural du *Vœu de Louis XIII*[2], enlevé à la Révolution, fut remis en place – et miraculeusement préservé le 15 avril. Ici que Napoléon se sacra lui-même empereur en présence du pape Pie VII, son prisonnier, alors qu'un immense arc de triomphe décorait la façade. Des générations d'écoliers français ont contemplé dans leurs manuels le tableau de David qui a saisi cet instant d'autoproclamation, ou plus exactement celui où Napoléon pose la couronne sur la tête de Joséphine de Beauharnais, son épouse (bientôt répudiée).

Au cours du XIXe siècle, la « symphonie » quasiment byzantine du pouvoir et de la cathédrale reprit de plus belle ; et elle dure jusqu'à notre époque, ce dont on put se convaincre lorsque notre Parlement, à l'initiative du président Macron, vota en hâte le 24 avril une loi spéciale pour affranchir les travaux de restauration de la cathédrale des obstacles légaux et délais de toutes sortes. Citons l'attendu premier de la nouvelle loi : *« En la cathédrale Notre-Dame de Paris, au cœur de notre Cité, s'exprime cette grande continuité qui fait la Nation française et qui l'inscrit dans l'histoire universelle. Fleuron d'un art qui rayonna dans toute l'Europe, espace sacré et monument littéraire, lieu de mémoire de la France libérée, lieu de rassemblement et de recueillement populaires, Notre-Dame est, au travers des vicissitudes et des sursauts, le registre de nos destinées collectives. »* À peine dix jours après l'incendie, la loi annonce une souscription nationale hors normes fiscales habituelles, et autorise le gouvernement à prendre toutes ordonnances pour édicter dérogations

1 - Alain Erlande-Brandenburg, « Notre-Dame de Paris », dans Pierre Nora (sous la dir. de), *Les Lieux de mémoire*, t. III : *Les France*, vol. 3 : *De l'archive à l'emblème*, Paris, Gallimard, 1993.

2 - Ce vœu était de dédier la France à la Vierge si Dieu lui donnait enfin un fils – ce fils fut Louis XIV.

aux règles d'urbanisme et aux prescriptions environnementales légales[3]. Mais ce dont souffrait Notre-Dame – jusqu'à ce 15 avril inattendu mais fatal – était moins cette « symphonie » que la marchandisation du temple, devenu lieu de pèlerinage obligé du tourisme mondial et qui voyait défiler sans répit, même pendant les offices, d'immenses cohortes de la classe moyenne mondiale. Sans le savoir, Notre-Dame était prête pour ce *happening* quasi mondialisé, et presque prévu par Hugo dans son roman : l'incendie du 15 avril 2019 !

Un air de mystère

Le mythe de la cathédrale, aujourd'hui repris dans tous les hebdomadaires à grand tirage, fut restauré après le mépris affiché par le classicisme français, puis plus encore par la Révolution, par un écrivain, un émigré à Londres, Chateaubriand. Son *Génie du christianisme* (1802) sauva le christianisme de l'indifférence et de la haine, mais en l'esthétisant. Le sous-titre en est d'ailleurs *Beautés de la religion chrétienne*. Le chant des oiseaux, l'émotion face aux ruines, la splendeur de la liturgie remplacent la théologie médiévale. Dans un poème sur Héloïse de son ami Fontanes, qu'il réécrit, Chateaubriand évoque la cathédrale telle que peut la voir Héloïse, l'amante d'Abélard, devenue abbesse de la Chartreuse de Paris, sur la rive gauche, en face de la cathédrale :

> *Ces vénérables tours qu'allongent vers les cieux*
> *La cathédrale antique où priaient nos aïeux,*
> *Ces tours ont conservé notre amoureuse histoire.*
> *Là tout m'en parle encore, là revit la mémoire.*

Hugo situera dans la cathédrale antique d'autres amours, celles de l'archiprêtre démoniaque, et celles du sonneur de cloches bossu Quasimodo, tous deux épris de la jeune Égyptienne, ou gitane, la Esmeralda[4]. Comme

3 - Projet de loi pour la restauration et la conservation de la cathédrale Notre-Dame de Paris instituant une souscription nationale (procédure accélérée). Présenté au nom de M. Édouard Philippe, Premier ministre, par M. Frank Riester, ministre de la Culture.

4 - Esmeralda est en fait une enfant enlevée, et qui à la fin du roman, dans un climax pathétique, retrouve sa mère. Le thème de l'enfant enlevé était très à la mode à l'époque du sentimentalisme, juste avant le romantisme. De *Frankenstein* (Mary Shelley, 1818) à *Melmoth* (Charles R. Maturin, 1820), il évoque la fragilité de l'être humain.

Chateaubriand, Hugo est un homme de plume entré en politique, et si leurs chemins divergent largement, en un sens, le sauvetage du christianisme entrepris par l'un fut poursuivi par l'autre, mais contre l'Église. Sauvetage réussi puisqu'à tant de *Te Deum* royaux – pour l'entrée de Charles VII dans Paris, celle de Henri IV qui vient d'abjurer son protestantisme (*« Paris vaut bien une messe »*) – succédèrent tant de *Te Deum* célébrés après la prise de la Bastille, le premier précisément pour la prise de la Bastille, et plus près de nous pour le général de Gaulle, pour l'abbé Pierre, pour le président Mitterrand, ancien pensionnaire de collège catholique devenu voltairien, mais qui avait laissé entrevoir dans son testament qu'*« un* Te Deum *à Notre-Dame est possible »*.

Pour moi, Notre-Dame est liée aux obsèques du poète (et ambassadeur de France) Paul Claudel. J'avais, et j'ai encore une dévotion particulière pour cet immense poète et dramaturge, notre Shakespeare du XXe siècle ; les *Cinq Grandes Odes* étaient mon bréviaire d'étudiant pensionnaire au lycée Louis-le-Grand. Le jour des obsèques de Claudel à Notre-Dame, le 1er mars 1955, j'étais derrière le deuxième pilier à droite, à l'endroit où il a dit avoir été foudroyé par la foi. Notre-Dame était bondée, l'oraison funèbre de Jean-Louis Barrault fut, paraît-il, magnifique. Mais je ne l'écoutais pas, je récitais les *Cinq Grandes Odes*.

> *Ô les longues rues amères et le temps où j'étais seul et un !*
> *La marche dans Paris, cette longue rue qui descend vers Notre-Dame !*

Notre-Dame et la piété gravée dans ces grands livres de pierre que sont les cathédrales gothiques, ont réapparu, après Hugo, grâce au renouveau poétique catholique : Claudel, Bloy, Péguy, Francis Jammes et d'autres. Certes, Péguy préférait la cathédrale de Chartres, où il se rendait en pèlerinage à pied depuis Paris, mais son hommage à Notre-Dame en est pour ainsi dire *l'introït*.

> *Étoile de la mer, voici la lourde nef*
> *Où nous ramons tout nuds sous vos commandements ;*
> *Voici notre détresse et nos désarmements ;*
> *Voici le quai du Louvre, et l'écluse, et le bief.*

Si Hugo voyait surtout la foule des gargouilles (sculptées sur indication de Viollet-le-Duc), Claudel et Péguy entendaient réciter le rosaire, et dans le mystère des grandes rosaces voyaient le chœur céleste des anges de Novalis.

Vu d'ailleurs

Le poète Ossip Mandelstam vint à Paris en 1911, il dut contempler l'ossature grandiose du chevet de Notre-Dame maintes fois. Son poème « Notre-Dame » est une interprétation de la place de la cathédrale de Paris dans l'histoire et dans l'unité du monde. *« Ô que ne suis-je de pierre comme toi ! »* soupire le monstrueux Quasimodo en embrassant l'une des plus affreuses gargouilles, après la disparition de la Esmeralda. La poésie de Mandelstam semble elle aussi soupirer *« Ô, que ne suis-je de pierre ! »*. Son premier recueil s'intitule *Pierre*, et le poème « Notre-Dame », dont le titre est en français, se trouve là, à sa juste place, derrière la cathédrale de Byzance, Sainte-Sophie, *« sphérique et sage édifice »* qui survivra aux peuples et aux siècles. Voici la salutation qu'adresse Mandelstam à la cathédrale :

Là où le juge romain jugeait un peuple étranger,
Se dresse la basilique, et, comme le premier Adam
Lorsque, jubilant, il étira tous ses nerfs,
Sa voûte légère joue de tous ses muscles.

Le plus surprenant dans ce poème est le premier vers, c'est-à-dire la filiation affirmée entre l'Empire romain et la cathédrale carolingienne, filiation tout à fait réelle, puisque l'on a retrouvé le palais abbatial sous Notre-Dame, et que le palais abbatial est à l'emplacement du camp romain de Lutèce.

Labyrinthe premier, forêt indéchiffrable !
De l'âme gothique – abîme rationnel,
De l'Égypte – force, du christianisme – pudeur.
Le chêne au roseau lié, et partout l'aplomb-roi.

Comme on voit, Mandelstam admire la force domptée, les ogives immenses et leurs contreforts, les tentes de lumière et les replis d'ombre. En contemplant cette force domptée, il se dit :

D'une pesanteur mauvaise, moi aussi
Je ferai, un jour, de la beauté !

Bref, Notre-Dame est une leçon de poétique pour l'art, pour la vie, pour l'histoire humaine. En regardant la flèche de l'Amirauté à Saint-Pétersbourg il lit la même leçon :

Beauté n'est pas caprice d'un demi-dieu.
Mais rapace compas d'un simple charpentier.

La Russie nous a donc donné l'un des plus beaux hymnes à Notre-Dame.

Mais on vit sourdre autre chose lors de l'incendie mondialement télévisé. Ce que les Allemands appellent *Schadenfreude*, une petite joie mauvaise à voir le malheur qui frappe le voisin. Depuis 2005 est constamment réédité en Russie (et traduit en plusieurs langues) le roman d'Elena Tchoudinova, *La Mosquée Notre-Dame de Paris : année 2048*. Sur la couverture, ce n'est pas l'incendie que l'on voit, mais la mosquée de Notre-Dame, avec de petits minarets rajoutés sur les tours. Dix ans avant *Soumission* de Houellebecq, Tchoudinova imagine un Paris soumis à l'islam et le muezzin vociférant du haut des tours de Notre-Dame, comme du haut de Sainte-Sophie, avant Atatürk. Depuis l'incendie, le livre est en rupture de livraison.

Notre-Dame est une leçon de poétique pour l'art, pour la vie, pour l'histoire humaine.

Quant aux commentaires venus de Russie, ils étonnent parfois : l'archiprêtre moscovite Andreï Tkatchov écrivait au lendemain de l'incendie : « *Les reliques sont enlevées à ceux qui n'en sont pas dignes.* […] *Si dans un temple on ne prie pas, il meurt. Avant de brûler, Notre-Dame (comme les autres lieux saints d'Europe) a été malmenée par les foules bigarrées de curieux désœuvrés, et aveuglée par les flashs des appareils de photo. Il y a une légitimité et même une inéluctabilité dans cet immense incendie, même s'il fut inattendu. Espérons qu'il ne jouera pas le rôle de bûcher pour une Europe, à qui on enlève ce qu'elle-même a depuis longtemps cessé d'apprécier, et depuis longtemps perdu intérieurement.* » En l'occurrence, l'archiprêtre peut sembler plus apparenté au Grand Inquisiteur qu'au Christ.

Le 11-Septembre avait, lui aussi, suscité de la *Schadenfreude*. Nous étions, ma femme et moi, dans la cathédrale de Santiago au Brésil quand une touriste américaine s'est effondrée en regardant son iPhone. Au petit troquet où nous sommes allés pour voir l'écran de télé, et où l'attaque contre les tours passait en boucle comme partout dans le monde, le public était narquois et visiblement assez heureux. Relisons *Les Démons* de Dostoïevski : « *La vue d'un grand feu dans la nuit produit une sorte de commotion nerveuse, réveille les instincts de destruction qui, hélas, dorment en toute âme. Je doute qu'il soit possible de contempler un incendie sans y montrer un certain plaisir »*, déclare Stépane Trophimovitch en quittant le quartier qui a brûlé. Le soir du 15 avril et toute la journée qui suivit le « spectacle », le monde entier a-t-il connu quelque chose de similaire à ce que décrit Dostoïevski, ou un frisson semblable à celui des habitants d'Éphèse quand ils virent s'écrouler le temple d'Artémis, l'une des sept merveilles du monde, Éphèse qui devint chrétienne, et qui aujourd'hui n'est plus qu'un site touristique ?

Heureusement Paris n'est pas Éphèse ; autour de la « ruine », Paris est encore debout. Et nous pouvons, en attendant de retourner à Notre-Dame (mais quand ?), rêver au deuxième pilier de Claudel, et relire Charles Péguy. La façade est encore là, bien que nous n'y ayons plus accès. Car il faut décontaminer le parvis du plomb qui y a coulé ce soir-là, comme le soir du roman où Quasimodo alluma entre les deux tours un immense feu et déversa par les gargouilles le plomb fondu sur les truands qui attaquaient sa cathédrale. L'idée titanesque qui a fait s'élever l'incroyable livre de pierre était déjà presque morte, nous dit Hugo. Le livre de pierre cédait au livre de papier. Aujourd'hui le livre numérique nous offre, bien sûr, la visite virtuelle d'un lieu qui pour l'instant n'est plus visitable. Mais saurons-nous encore y lire ce que le *« soleil couché »* de la pensée gothique nous voulait dire ?

Le courage de l'erreur

Aïcha Liviana Messina

Aujourd'hui, à l'ère de la post-vérité, une information de toute évidence fausse peut circuler sans entraves et influencer le cours du monde. Ce n'est peut-être pas tant le reflet d'une propension au mensonge que celui de notre rapport au langage et de la façon dont ce dernier nous constitue comme sujets – ou nous destitue de notre condition de sujets. Qu'on puisse se désintéresser de ce qui est vrai et faux, qu'on puisse même prendre pour vrai ce qui est de toute évidence faux, n'est peut-être pas tant un problème épistémologique qu'un problème éthique, relatif à la question de savoir quels types de sujets le langage rend possibles.

Le courage de la vérité

La recherche de la vérité n'est pas seulement une affaire théorique, abstraite de la situation particulière des sujets. C'est avant tout une affaire éthique qui contribue à la formation des sujets. Pour rechercher la vérité, il faut être un « soi », se détacher des influences externes, faire l'épreuve d'une certaine solitude.

Ainsi la pratique socratique du questionnement, dans la mesure où elle se vide de toute certitude (« Je sais seulement ne pas savoir »), contribue-t-elle avant tout à la tâche éthique de former une âme. C'est au moment où, par le langage et la pratique du questionnement, on se vide des savoirs préconçus, qu'on se constitue comme un « soi » pur de toutes affections externes. Avec Socrate, la tâche épistémologique de la philosophie est indissociable d'une éthique des sujets. La recherche de la vérité est indissociable du courage d'être soi.

À l'inverse, la complaisance dans le faux est possible dès lors qu'on n'a pas à se revendiquer comme sujet du langage. Protagoras, ce sophiste qui conçoit le savoir sur un mode quantitatif – et ainsi lucratif – peut dire tout et n'importe quoi tant qu'il n'est pas amené à répondre en première personne, tant que le langage parle à sa place. Fascinante parce qu'anonyme, sa parole attire la foule et empêche tout acte singulier de pensée. Ainsi, tandis que la parole de Socrate conduit à la solitude du questionnement, la parole de Protagoras contribue à la formation des masses. Tandis que la première fonde la recherche de la vérité sur une éthique des sujets, la seconde, rhétorique, est essentiellement populiste.

Là où la post-vérité ne relève pas tant d'une impossibilité de discriminer entre la vérité et le mensonge, mais d'une certaine indifférence dans laquelle nous sommes devant la vraisemblance ou l'invraisemblance des informations, c'est notre rapport au langage et la façon dont il nous constitue comme sujets qui pourrait faire une différence. Du moins du point de vue du *Protagoras*, à l'usage rhétorique du langage, essentiellement populiste, politique (puisqu'il relève du pouvoir) et manipulateur, s'oppose le discours vrai, conçu non comme ce qui institue la vérité du dehors mais comme ce qui forge le soi dans l'épreuve du questionnement. Le « courage de la vérité » implique que c'est une éthique des sujets et non l'ordre abstrait de la vérité qui est à même de combattre le mensonge, voire l'indifférence devant l'évidence[1].

Mais ce partage entre la rhétorique et le discours vrai, comme entre l'éthique et la politique, est-il tenable et peut-il vraiment constituer une résistance au mensonge ou à l'indifférence ? Peut-on encore s'en remettre à une éthique du sujet dans un monde où la technologie rend de plus en plus possibles l'usage d'une parole anonyme et la prolifération de rumeurs ? Comment par ailleurs résister au pouvoir de la rumeur sans s'en remettre à une idée unique de vérité ou sans devenir des policiers de l'information[2] ?

1 - Platon, *Protagoras*, trad. par Frédérique Ildefonse, Paris, Flammarion, 1997. Voir aussi Michel Foucault, *Le Gouvernement de soi et des autres*, t. II, *Le Courage de la vérité. Cours au Collège de France. 1984*, Paris, Ehess/Gallimard/Seuil, 2009.

2 - Voir à ce sujet les outils de *fact-checking* proposés par Facebook.

La parole immédiate

Opposer l'attitude éthique du philosophe qui recherche la vérité à la dimension rhétorique de la politique est difficile pour plusieurs raisons. D'une part, la vérité n'est jamais pure de la rhétorique, et ainsi de la politique. Comme l'a très bien montré Derrida, tout parler implique déjà une technique qui rend possible le langage, c'est-à-dire un système d'inscription qui permet de fixer le sens, de le produire dans son unité à travers sa reproduction. Dans ce sens, puisque l'intelligibilité suppose la technique, il n'y a pas de sens « pur » des affects extérieurs, des opinions et de la contingence. L'éthique, la détermination d'un soi autonome ne peuvent être pensées dans leur indépendance vis-à-vis de la rhétorique[3], et donc de la politique.

D'autre part, la prise de parole s'étant « démocratisée » (ou en tout cas démultipliée, surtout par le biais des réseaux sociaux et, de façon plus générale, par la mise en ligne de l'information et la possibilité donnée à tous de la commenter), les forces politiques ne sont pas nécessairement associées aux figures du pouvoir. L'emprise manipulatrice du langage tient plus à ses modes de circulation et d'interpellation qu'à l'existence de rhéteurs ou de figures politiques déterminées. Les réseaux sociaux ont un pouvoir politique quand bien même ils ne fonctionnent pas comme des moyens de communication publics. Privés, puisqu'ils sont censés faire circuler l'information dans la sphère apolitique des amitiés personnelles, ils redéfinissent le problème politique de la vérité et de l'usage du langage précisément en cela qu'ils pervertissent et brouillent la frontière entre le public et le privé. Ainsi, tandis que la politique n'est pas confinée dans les lieux traditionnels du pouvoir, la transformation des moyens de communication modifie le rapport entre sujet et vérité.

Enfin, il faut ajouter que le pouvoir des réseaux sociaux consiste justement et paradoxalement à désactiver toute idée que la vérité se recherche, qu'elle se construit (vérité rationnelle) ou qu'elle aurait à être établie (vérité factuelle). Le mouvement #MeToo (ou un certain usage qui en est fait) est un exemple de la façon dont les réseaux sociaux ont

3 - Dans « Violence et métaphysique » (*L'Écriture et la différence*, Paris, Seuil, 1967), Jacques Derrida déconstruit de la même manière la différence qu'on retrouve chez Levinas entre rhétorique et discours, qui, tout comme chez Platon, équivaut à différencier un soi pur d'un soi influencé par les systèmes qui parlent en lui.

réussi à imposer au pouvoir politique la nécessité de se rapporter à la vérité sans plus chercher à l'établir. La force et la nécessité politique (puisqu'il s'agit là de briser un silence endémique) de #MeToo (traduit au Chili par #YoTeCreo, « Je te crois ») se produisent dans cette injonction à croire en un récit sans plus être en devoir d'établir, voire de prouver des faits. Avec #MeToo, un paradoxe émerge des moyens de communication : plus la parole est *médiatisée*, moins on se sent en devoir de l'interpréter, de la comprendre, de la restituer à ses conditions d'énonciation, plus elle est *immédiate*.

Ainsi, tandis que les courants structuraliste et poststructuraliste de la philosophie voudraient nous affranchir de l'idée d'une vérité pure (et, en cela, métaphysique) en nous tournant vers les dispositifs ou les traces qui nous rapportent au fait que la vérité est toujours dérivée, construite, ce sont justement ces dispositifs qui, dans un but politique déterminé, appellent volontairement à nous tourner vers la vérité en sa pureté énonciative. Les réseaux sociaux agissent en ce sens comme un retour du religieux, d'un désir de pureté. Ils rendent possible une adhésion aux faits tels qu'ils sont énoncés et sans qu'on ait besoin de les établir. Tout se passe comme si, par la multiplication des médiations, les mots devaient se produire comme des faits bruts qui ne doivent être ni vérifiés ni reconstruits.

Cette promotion de l'immédiateté relève bien d'un paradoxe. D'un côté, elle coïncide avec une aspiration à la transparence qui pourrait constituer un danger pour la démocratie. Celle-ci a en effet besoin de zones d'opacité afin de produire des vérités multiples. Par les réseaux sociaux comme par la téléréalité, tout se dit ou tout se montre : ce qui est privé devient public, ce qui est intime devient collectif.

La transparence qui, en politique, est l'apanage des États fascistes, est ici obtenue par cet usage public d'une communication privée. Or, comme le montre bien Michaël Fœssel dans *La Privation de l'intime*, cet usage public de l'intime finit par nous priver de la force politique propre à l'intime qui tient justement à sa façon de résister à l'économie de la politique en général[4]. Ainsi, la dimension totalitaire de cette aspiration à la transparence ne tient pas tant à l'exhaustivité des informations publiées qu'à l'absence d'une sphère séparée. Par ailleurs, dans la transparence

4 - Michaël Fœssel, *La Privation de l'intime. Mises en scène politique des sentiments*, Paris, Seuil, 2008.

comme dans l'immédiateté, il n'y a plus de vérités à construire, il n'y a évidemment plus de temps pour réfléchir, et donc plus la nécessité de se construire, d'être un « soi ». L'éloge de la transparence, tout comme la production de vérités immédiates, finit par dissoudre le politique ainsi que l'éthique. Dès lors qu'on ne peut plus établir un réel partage entre le privé et le public, le soi singulier qui se produit dans des récits toujours à refaire n'est plus un soi en construction mais un soi d'exhibition qui acquiert ainsi une sorte de valeur sur le marché.

D'un autre côté, et paradoxalement, ce qui fait événement dans cette promotion de la vérité immédiate où les traces, les dispositifs qui rendent possible la construction d'une vérité ne comptent plus, ce n'est pas le fait tel quel, mais bien l'énoncé. Ce qui rend puissantes politiquement les *fake news* par exemple, ce n'est pas le mensonge par lui-même mais sa répétition, c'est-à-dire sa transformation en rumeur. Or, dans la mesure où une rumeur est impersonnelle, sans origine, sans auteur et sans fin, elle détruit de fond en comble les conditions de possibilité d'une parole revendiquée, et donc d'une société où l'on a à répondre de soi. Le pouvoir politique du mensonge ne tient donc pas seulement au sujet d'énonciation, qui serait mal intentionné, mais bien aussi à son mode de propagation et de réception. Transformée en rumeur, la *fake news* se propage. Exposés à la rumeur, nous ne pouvons que la répéter. La *fake news* est dans ce sens fabriquée par tous ; elle est colportée (à notre insu) à chaque fois qu'elle est visualisée ou partagée. Ainsi, et pour reprendre une idée de Levinas, c'est parce que nous ne parlons pas véritablement, parce que nous sommes parlés, parce que nous sommes *« les signes muets des infra-structures anonymes*[5] *»*, que le mensonge se propage.

Là où tout se vaut et se donne de façon immédiate, on n'a pas à se construire soi-même ni à chercher à interpréter des faits.

Cette série de confusions – entre le médiat et l'immédiat et entre le privé et le public – a des conséquences éthiques, politiques, et épistémologiques. D'un côté, il est de plus en plus admis, au nom d'une nécessité politique (briser le silence de la violence sexuelle), que la vérité n'est pas à construire. D'un autre côté, l'idéologie de la transparence produit comme principe qu'on ne recherche pas la vérité : on la voit. Enfin, là où

5 - Emmanuel Levinas, « Liberté de parole » [1957], *Difficile Liberté. Essais sur le judaïsme* [1963], Paris, Albin Michel, 2006, p. 268.

tout se vaut et se donne de façon immédiate, on n'a pas à se construire soi-même ni à chercher à interpréter des faits. Du point de vue épistémologique, nous sommes donc véritablement aux prises avec une nouvelle métaphysique de la vérité, c'est-à-dire d'une vérité qui n'est plus sujette à interprétation mais qui s'impose du dehors. Du point de vue politique, on voit émerger de nouvelles formes de totalitarisme où les individus se donnent complètement (et volontairement, avec une certaine délectation) au système qui les contrôle et dont ils semblent eux-mêmes avoir le contrôle en se posant à la fois comme voyeurs et comme sujets d'exhibition. Ainsi, l'absence d'une sphère séparée de la politique empêche aussi de se poser comme un sujet de résistance. Du point de vue éthique, dans la mesure où la parole est à la fois privée et publique, et donc ni privée ni publique, nous n'avons plus à en répondre, ni dans la sphère privée, ni dans la sphère politique. Les réseaux sociaux, qui sont aujourd'hui une force politique, possèdent une force qui est à la mesure de l'exemption de responsabilité qu'ils rendent possible.

Le dit et le fait

On peut réfléchir sur le fait qu'aujourd'hui, ce qui a valeur d'information n'est pas un fait à reconstruire et à établir (ce qui est, entre autres, le travail des journalistes et des juges), mais un simple énoncé circulant sur les réseaux sociaux (c'est-à-dire une rumeur, qu'elle ait pour objet un événement réel ou non). Lors du mouvement féministe qui a eu une ampleur considérable en 2018 au Chili, une accusation de violence sexuelle visant un professeur d'université, qui aurait tenté d'embrasser une étudiante et l'aurait ensuite grossièrement insultée, a été partagée sur les réseaux sociaux, puis reprise en boucle dans les journaux, jusqu'à conduire le professeur en question à donner sa démission. Dans cette collusion entre les journaux et les réseaux sociaux, deux choses sont remarquables.

Du point de vue juridique, l'accusation, diffusée sur un moyen de communication privée, n'a pas nécessairement à être prouvée puisqu'on se trouve ici dans la sphère privée où, au nom de la protection de la liberté personnelle, l'on peut dire ce que l'on veut. Or il en va de même des journalistes ayant repris l'information. Dans la mesure où ce qui fait événement, c'est le dit et non le fait, les journalistes n'ont pas non plus à prouver l'information qu'ils font circuler. Ils n'ont donc plus besoin d'établir les faits puisque ce qui a valeur de faits, ce sont les énoncés publiés sur les réseaux sociaux. Ainsi, dans cette confusion entre le public et le privé, non seulement tout peut se dire sans qu'une responsabilité ne soit imputée, mais il n'y a plus de vérités factuelles (qu'on peut reconstruire à partir de témoignages, qui impliquent le problème de la réception, et qui ont une valeur commune qui nous interroge dans notre rapport au monde et aux autres) car les faits se confondent avec les énoncés.

Ce professeur, qui a choisi de répondre par une parole publique en faisant état de *sa* vérité et sans nier les faits, a provoqué uniquement le rire ou le désintérêt. En d'autres termes, alors qu'il y a eu quelque chose de l'ordre d'une confession et d'une explication plutôt qu'une bataille juridique (il n'y a pas eu à ma connaissance de dépôt de plainte pour calomnie), l'idée d'une parole de vérité revendiquée, assumée en première personne, a été tout simplement dénigrée. Là où c'est le fait brut de la communication qui fait événement, l'idée d'« apologie » (répondre de ses actes et ainsi devenir un soi, fût-ce en assumant une faute) n'a plus d'importance.

Ce qui fait événement, c'est le dit et non le fait.

Dans ce contexte où la transformation des moyens de communication a effacé certaines frontières cruciales dans l'ordre juridique et éthique, où l'on voit par ailleurs émerger de nouvelles métaphysiques ou formes d'imposition de la vérité, comment penser la responsabilité sans s'en remettre à une métaphysique du sujet, c'est-à-dire à l'idée d'un sujet auto-fondé ou d'un soi pur ?

Le courage de l'erreur

Au courage de la vérité tel que le définissait Foucault à propos de Socrate fait pendant ce qu'on pourrait appeler, avec Blanchot, le « courage de l'erreur ». Tandis que, pour Socrate, le discours vrai est un discours dialogique dans lequel s'effectue non seulement le partage du vrai et du faux, mais également de l'âme et du corps, pour Blanchot, la parole, sans laquelle il n'y aurait pas de pensée, est un élément de distraction plutôt que de concentration. Dans ce sens, *L'Entretien infini* peut être considéré comme une reprise de la forme dialoguée de la pensée de Platon[6].

Qu'ils soient ou non aporétiques, les dialogues de Platon consistent en un jeu de questions qui visent à établir un partage entre un discours réfléchi et une opinion. Parce que, pour Platon, la vérité tient à une seule forme de rationalité (la *dianoia*), le dialogue tend soit à réunir les interlocuteurs autour d'une vérité unique, soit à établir un partage entre ceux dont la parole produit l'autonomie de l'âme et ceux dont la parole (tout comme l'attitude) est influencée. En revanche, l'entretien chez Blanchot ne présuppose ni un sens extérieur au langage, ni une forme de rationalité qui préexisterait à la mise en œuvre du langage ou à l'acte de parler. Ce qui anime l'entretien, c'est le langage lui-même, qui, en se répétant, se refuse paradoxalement à la fixité du sens. Pour Platon, la parole dialogique concentre l'âme parce qu'elle lui permet de s'acheminer vers l'origine de toute intelligibilité. Pour Blanchot, en revanche, la parole déconcentre parce qu'elle se fonde toujours sur un vide de sens initial qui, ne pouvant être appréhendé, distrait les interlocuteurs, les empêchant ainsi d'être complètement présents à ce qui est dit.

Pour Blanchot, parler est donc plutôt équivalent à errer qu'à se diriger vers un sens. Or, si le langage n'a pas de sens ultime, laisser parler le langage équivaut bien à une errance sans fin, un entretien *infini*. Dans ce contexte, le langage ne permet aucune sorte d'éclairement, de dévoilement de la vérité. Laisser parler le langage, c'est laisser parler l'erreur – non comme ce qui s'oppose à la vérité mais comme ce qui s'y récuse, comme l'épreuve de son impossibilité. L'erreur, c'est l'expérience de l'errance à laquelle conduit nécessairement le langage. Dans ce contexte, l'erreur n'est pas la déviation, ce qui présupposerait l'existence d'une ligne droite, mais bien la situation d'errance dans laquelle nous nous retrouvons lorsque nous parlons à partir de l'absence de vérité. Ainsi, lorsque c'est le langage qui parle, nous pénétrons dans ce monde neutre où, comme le dit Nietzsche dans *Le Crépuscule des idoles* à propos du *« "monde-vérité" devenu fable »*, il n'y a plus de mensonge parce qu'il n'y a plus de vérité. Cela signifie-t-il que c'est parce que nous parlons que nous sommes nécessairement sous l'emprise de la rumeur, c'est-à-dire d'une parole qui ne se soucie pas de la vérité (et de soi) ?

6 - Maurice Blanchot, *L'Entretien infini*, Paris, Gallimard, 1969.

Pour Blanchot, la rumeur est bien le corollaire de toute prise de parole. S'il n'y a pas de sens ultime qui fonde notre langage, alors parler, c'est faire écho à cette absence qui est le fond sans fond du langage et qui renvoie à l'idée qu'il n'y a pas d'origine du sens et donc pas non plus d'auteur original. Nous recevons toujours une parole venue d'ailleurs. Parler, c'est faire écho au fait que le sens est sans origine et ainsi sans fixité. Il n'y a donc pas pour Blanchot de frontières assurées qui permettent de distinguer une parole de vérité, une parole qui peut être revendiquée et justifiée, et une parole qui vient de nulle part, c'est-à-dire une rumeur.

Pourtant, cette indifférence ne signifie précisément pas que tout se vaut. Que la parole ne puisse assurer d'une vérité veut dire que faire parler le langage, c'est faire parler cette absence d'assurance. À l'inverse des vérités pures, immédiates, que produisent les réseaux sociaux, la conception du langage comme rumeur a précisément chez Blanchot pour objet de faire parler la vérité en son absence, de briser nos certitudes et d'empêcher qu'une communauté se cristallise autour d'une vérité admise de façon immédiate. En mettant en jeu le fond d'anonymat qui hante le langage, et par quoi celui-ci se vide de son contenu sensé, la conception de l'écriture de Blanchot se départit aussi bien de l'idée métaphysique de vérité (de l'idée d'une vérité une) que de la reprise, tout aussi métaphysique, de l'erreur, entendue comme production d'une vérité immédiate. Chez Blanchot, la seule immédiateté est celle du langage devenu rumeur, et dont le bruissement sans contenu empêche justement toute prise, toute réappropriation, toute circulation sous forme « virale ». En ce sens, l'immédiateté de la rumeur n'est pas ce qui s'impose au-delà des médiations, mais ce qui leur fait échec et qui empêche toute forme d'adhésion au sens (à celui des rhéteurs comme à celui qui repose sur l'idée de vérité).

Nous recevons toujours une parole venue d'ailleurs.

Mais faire parler le vide du langage afin de dissoudre toute vérité et toute tentation communautaire n'équivaut-il pas de nouveau, comme dans le cas de Socrate, à une posture apolitique ? Le « courage de l'erreur » est certainement une posture radicale qui ne semble pas mener vers un monde possible, un monde de sens. Si, pour Blanchot, écrire consiste à se rapporter au vide qui hante le langage, alors ce que l'écriture empêche, c'est bien aussi une prise de parole, et donc une décision ainsi que la possibilité de se positionner, de négocier, de délibérer. Tout comme chez

Socrate, dont l'ironie suspend indéfiniment le sens et qui se tient par là en marge des affaires politiques, chez Blanchot, la parole désœuvre, elle ne permet pas de s'affairer, de faire, et donc d'avoir une participation politique. Ainsi, le « dehors » que poursuit Blanchot recèle bien le risque d'un certain purisme, puisque, sans relever d'un dehors du monde (comme le serait une vérité métaphysique), il correspond à l'impossibilité du monde, là où nous ne pouvons qu'errer.

Mais ce que la parole d'errance vise à affirmer, c'est aussi le rapport qui découle de l'usage du langage. Écrire de telle sorte à ne s'arrêter à aucune vérité, écrire le langage en l'absence de toute origine et de toute autorité, c'est tenter de faire de la parole ce qui nous lie à l'autre comme à l'inconnu. C'est, plus précisément, chercher à libérer l'inconnu qui nous hante, à le faire parler et ainsi à faire du vide du sens une possibilité nouvelle de mouvement et de transformation. De même que chez Platon, le dialogue n'a pas nécessairement pour fonction de *produire* une vérité mais plutôt de nous y *rapporter*, la parole de Blanchot fait de l'affirmation de la non-vérité l'engagement dans un rapport à l'inconnu. Avec Blanchot – tout comme avec Socrate – nous n'agissons pas, mais nous nous rapportons autrement (aux uns et aux autres, au sens, au monde). Tandis que le « courage de l'erreur » n'aspire pas à la construction d'un soi *pur*, il aspire à la construction d'un rapport où c'est l'autre de tout « soi » (au sens identitaire) qui est affirmé, recherché, comme ce qui ne peut être jamais stabilisé, assuré. Apolitique, la parole de Blanchot n'est donc ni immobile ni simplement désengagée. Elle a bien une dimension éthique. Elle nous rappelle que parler n'est jamais un acte innocent et que dans chaque parole il en va de la possibilité d'affirmer de nouveaux rapports qui transforment moins le monde (enjeu politique) que les sujets du langage (enjeu éthique).

—

Cela suffit-il à déjouer le pouvoir social et politique de la rumeur ou l'indifférence devant le faux sans devenir des policiers de l'information ? Le courage de l'erreur n'a certes pas pour fonction de réguler l'usage du langage dans les réseaux sociaux. Au contraire, tandis que les réseaux sociaux forment un monde, la parole d'errance chez Blanchot « appartient » à cette sphère séparée qu'est la littérature ou que désigne l'écriture en général quand celle-ci se tient à la suspension du sens. Mais s'il ne doit pas donner lieu à une régulation, le courage de l'erreur nous permet de comprendre l'usage du faux, de la rumeur et en général la production du langage à l'ère de la post-vérité, sans recourir à une idée métaphysique de la vérité (sans qu'une idée unique de vérité ne s'impose). Tout comme le courage de la vérité, le courage de l'erreur a une fonction critique – celle de distinguer une rumeur d'une autre – et éthique – celle de produire de nouveaux rapports –, là où la vérité ne nous tient plus ensemble. Par ailleurs, là où les réseaux sociaux, tout en formant un monde, parviennent à le produire en se soustrayant à ses lois, et ce en produisant, de façon mouvante, des confusions entre le privé et le public, le courage de l'erreur nous rappelle sans doute à la responsabilité qu'engage chaque prise de parole et qui ne se mesure précisément pas à une loi déterminée. Avoir le courage de la vérité, c'est avoir le courage d'être soi. Avoir le courage de l'erreur, c'est avoir le courage d'affirmer l'autre. Cela signifie que seul l'irrépétable se répète et que la parole peut être ce qui nous lie à l'inconnu. À défaut, lorsque la rumeur nous rassemble, c'est ce que l'histoire a recelé de pire qui pourrait se répéter[7].

7 - Ce texte fait partie du projet *Fondecyt 1170580*, financé par le ministère de l'Éducation du Chili.

L'écriture du monde

Albert Camus, l'Amérique et la mer

Vincent Duclert

Il y a soixante ans disparaissait Albert Camus dans l'accident de voiture qui coûta la vie également à son ami Michel Gallimard, tandis que Janine et Anne Gallimard en sortirent indemnes. Cette existence brisée par un fléau moderne, qui allait révéler, décennie après décennie, son caractère massif et implacable, sembla figer l'écrivain dans l'inachèvement indépassable de son œuvre. Pourtant, par la volonté de sa femme Francine Camus, puis de ses enfants Jean et Catherine, et grâce au soutien de son principal éditeur, Gallimard, des écrits majeurs furent révélés et édités après sa mort, contribuant à faire vivre une figure de son temps comme du nôtre. Ces éditions posthumes concernaient d'abord ses *« cahiers »*, comme il dénommait ce journal intime, politique et littéraire tenu dès sa prime jeunesse à Alger et auquel le public put accéder à partir de 1962 dans la célèbre collection « Blanche » sous le titre de *Carnets*[1]. Suivirent en 1978, à l'initiative de Roger Quilliot, l'édition des *Journaux de voyage*, appendice des *« cahiers »*, composés lorsqu'Albert Camus voyagea en Amérique du Nord (1946) et en Amérique du Sud (1949), l'amenant à des traversées transatlantiques qui l'inspirèrent beaucoup[2]. En 1994, ce fut l'événement de la révélation du *Premier Homme*, un manuscrit sur lequel il travaillait au moment de sa mort et qui devait le ramener au sommet de la littérature contemporaine après l'une de ses grandes pages, *La Peste*, en 1947.

1 - Albert Camus, *Carnets*, Paris, Gallimard, coll. « Blanche », t. I, 1962, t. II, 1964, t. III, 1989 (rééd. coll. « Folio », 2013). Le titre de *Carnets* a été choisi pour distinguer ces trois ouvrages des « Cahiers Albert Camus », une collection destinée à accueillir aux éditions Gallimard des travaux de recherche et d'édition sur Albert Camus.

2 - A. Camus, *Journaux de voyage*, éd. Roger Quilliot, Paris, Gallimard, coll. « Blanche », 1978 (rééd. coll. « Folio », 2013).

Tous ces écrits, qui démontrèrent l'ampleur et la profondeur d'une écriture en cours d'Albert Camus, avaient un point commun, celui d'emmener le lecteur vers des contrées géographiques autant qu'historiques et politiques, ce que nous avons choisi d'appeler des *« pays de liberté*[3] *»*. Cette écriture du monde que nous propose Albert Camus s'exprime notamment lors de ses voyages en Amérique et de ses traversées des mers et des océans. On lit une attention à la vie, à la nature, aux sociétés, qui n'est pas une révélation pour les spécialistes d'Albert Camus. Elle mérite en revanche d'être communiquée à un plus large public tant l'écrivain demeure en phase avec des réflexions très actuelles.

Découverte de l'Amérique

Albert Camus accomplit au cours de sa brève existence deux voyages transatlantiques, celui qui le mena entre juin et août 1949 de Rio de Janeiro à Santiago du Chili en passant par São Paulo, Porto Alegre, Iguape, le Río de la Plata, Montevideo, Buenos Aires, et celui qui, de mars à mai 1946, le fit gagner la côte ouest des États-Unis et le Québec[4]. Ce voyage-ci, comme celui d'Amérique du Sud, fut réalisé à l'initiative des services culturels français dans ces différents pays. Aux États-Unis, Claude Lévi-Strauss, à l'époque conseiller culturel à New York, se chargea de l'organisation du séjour d'Albert Camus – celui-ci honorant d'autres invitations, dont celle de l'épouse de son éditeur américain Blanche Knopf, qui publiait au même moment la traduction de *L'Étranger*, et celle de Justin O'Brien, directeur du département de langues romanes de l'université de Columbia. À New York, il retrouva également son ami, l'antifasciste italien et ancien combattant des Brigades internationales Nicola Chiaromonte, qu'il avait aidé à s'exfiltrer d'Algérie sous administration

3 - Voir Vincent Duclert, *Camus, des pays de liberté*, Paris, Stock, 2020.

4 - Sur ce voyage, voir la notice très complète de Raymond Gay-Crosier dans Jeanyves Guérin (sous la dir. de), *Dictionnaire Albert Camus*, Paris, Robert Laffont, coll. « Bouquins », 2009, p. 282-286 ; l'article pionnier de Serge Doubrovsky, « Camus et l'Amérique », *La Nouvelle Revue française*, n° 98, 1er février 1961, p. 292-296 ; et l'étude de Fernande Bartfeld, « Le voyage de Camus en Amérique du Nord », dans R. Gay-Crosier, *« L'Homme révolté » cinquante ans après*, Paris/Caen, Lettres modernes Minard, coll. « La Revue des lettres modernes », 2001, p. 203-229. Voir aussi Marie-Pierre Ulloa, « Camus en Amérique. Entretien avec Alice Kaplan et Tobias Wolff », *La Vie des idées*, 17 janvier 2017.

de Vichy pour gagner le Maroc puis les États-Unis[5]. Il collaborait à la *Partisan Review* et publia, alors que Camus était sur le sol américain, un long compte rendu de *L'Étranger* dans *The New Republic*[6].

Si les deux voyages différaient beaucoup en raison des sociétés et des nations qu'il rencontra, beaucoup de points communs émergèrent, comme l'étonnement devant l'immensité des paysages et la puissance de la nature qui *« mangera un jour les fragiles décors surélevés dont l'homme essaie de s'entourer »*, faisant éclater *« la vérité du Brésil[7] »*. L'impression d'une ville sans fin le saisit à New York, alors que des pluies diluviennes coulaient inlassablement *« entre les hauts cubes de ciment »*. Il craignait de ne pouvoir se délivrer de ces prisons de ciment, *« sans l'espoir d'une colline, d'un arbre vrai ou d'un visage bouleversé[8] »*. Il sut résumer d'une formule ses impressions, les premières se confirmant au terme du voyage nord-américain : *« Le cœur tremble devant tant d'admirable inhumanité[9]. »*

La dureté des régimes politiques le révolta aussi, l'état de dictature régnant au Sud mais aussi les restrictions de la liberté au Nord. Il en fit personnellement l'expérience, tant les actes de censure le frappant en Argentine que l'accueil des services de l'immigration à son arrivée aux États-Unis, retenu de nombreuses heures en raison du fichage politique dont il faisait l'objet. Il fut suivi en permanence par un agent du FBI, James E. Tierney, dont le rapport détaillé fut considéré comme équilibré[10].

Ses journaux de voyage racontèrent la chronique des séjours faits de conférences, de causeries sur les campus, de rencontres avec des journalistes et des intellectuels, d'obligations mondaines, de sorties culturelles et d'événements typiques. Camus consignait ses étonnements avec une forme de distance qui se brisa rarement, surtout en Amérique du Nord. Un dimanche à Manhattan, au retour d'une visite à Staten Island, il dîna avec Chiaromonte et le traducteur Lionel Abel, respirant *« pour la première*

5 - Voir A. Camus, Nicola Chiaromonte, *Correspondance 1945-1959*, éd. Samantha Novello, Paris, Gallimard, coll. « Blanche », 2019.

6 - N. Chiaromonte, "Albert Camus thought that life is meaningless", *The New Republic*, 26 avril 1946.

7 - « Lettre à René Char du 8 août 1949 », dans A. Camus, René Char, *Correspondance 1946-1959*, éd. Franck Planeille, Paris, Gallimard, 2007, p. 49.

8 - A. Camus, *Journaux de voyage*, Paris, Gallimard, coll. « Folio », 2013, p. 42. De cette découverte des pluies de New York, A. Camus fit un récit sensible publié en 1947 et retrouvé par Roger Quillot (A. Camus, *Essais*, Paris, Gallimard, coll. « Bibliothèque de la Pléiade », 1965, p. 1829-1822).

9 - A. Camus, *Journaux de voyage*, *op. cit.*, p. 25.

10 - Selon R. Gay-Crosier, dans J. Guérin, *Dictionnaire Albert Camus*, *op. cit.*, p. 283.

fois dans un lieu où je rencontre la vraie vie pullulante et mesurée que j'aime ». Ce fut une autre fois la découverte nocturne du quartier de Bowery, *« où de très vieilles chanteuses viennent se produire dans un décor de "saloon" devant un auditoire misérable* [...]. *Oui, une nuit étonnante*[11] *».*

Mais Camus ressentit aussi de l'indifférence pour les États-Unis, constatant que sa curiosité pour cette nation venait de cesser d'un coup au beau milieu de son séjour sur la côte ouest, parce que son cœur avait cessé de parler. Cela ne l'empêchait pas d'être en mesure de présenter *« la défense et l'apologie »* de ce pays, d'*« en reconstruire la beauté ou l'avenir ».* Et il le fit souvent avec une grande justesse dans les évocations, saisissant la magie du mouvement qui animait New York[12]. Son approche poétique des lieux éclatait comme à la vue du Riverside le long de l'Hudson ou à la rencontre de la douceur des soirs sur les vastes pelouses de la capitale fédérale : *« Dans les cent mille arbres de la ville, un million d'oiseaux saluent l'apparition de la première étoile, au-dessus de la pyramide de Washington et dans le ciel encore clair, alors que des créatures aux longues jambes arpentent les chemins d'herbe dans la perspective des grands monuments, offrant au ciel un moment détendu leur visage splendide et leur regard sans amour*[13]. *»*

Sensible aux scènes de beauté, Albert Camus n'en était pas moins frappé par la misère qui pouvait régner dans les villes américaines et la discrimination raciale.

Sensible aux scènes de beauté, Albert Camus n'en était pas moins frappé par la misère qui pouvait régner dans les villes américaines et la discrimination raciale qu'il nomma, avec les mots de son temps, mais sans préjugés, *« la question nègre ».* Celle-ci exigeait ainsi qu'un fonctionnaire français d'origine martiniquaise en mission à New York n'ait d'autre choix que de loger à Harlem : *« Vis-à-vis de ses collègues français, il s'aperçoit pour la première fois qu'il n'est pas de la même race. »* Observation contraire, corrigeait-il aussitôt : *« dans le bus, un Américain moyen se lève devant moi pour céder sa place à une vieille dame nègre*[14] *».*

Découvrir l'Amérique l'amenait à repenser l'Europe, particulièrement quand il voyagea aux États-Unis, qui se rapprochaient beaucoup d'elle. Mais les différences étaient criantes aussi et elles faisaient mieux

11 - A. Camus, *Journaux de voyage*, *op. cit.*, p. 33.
12 - *Ibid.*, p. 35.
13 - *Ibid.*, p. 36.
14 - *Ibid.*, p. 28.

comprendre d'où il venait, à quoi il appartenait. *« Ce grand pays calme et lent. On sent qu'il a tout ignoré de la guerre. L'Europe qui avait des siècles d'avance dans la connaissance vient d'en prendre quelques autres, en quelques années seulement, dans la conscience*[15]*. »* À Louis Germain, il rapporta que son voyage en Amérique lui avait beaucoup appris : *« c'est un grand pays, fort et discipliné dans la liberté, mais qui ignore beaucoup de choses et d'abord l'Europe*[16] *»*. Il se fit même plus catégorique encore en 1952 dans *L'Homme révolté* : *« Mais la jeunesse du monde se trouve autour des mêmes rivages. Jetés dans l'ignoble Europe où meurt, privée de beauté et d'amitié, la plus orgueilleuse des races, nous autres méditerranéens vivons toujours de la même lumière*[17]*. »*

Ces deux voyages outre-Atlantique ancrèrent Camus dans de nouvelles certitudes, renforçant sa dimension d'homme libre, en particulier celle de refuser à l'avenir de se produire dans les tournées de conférences. Il consentit à de rares occasions, comme plus tard en Grèce ou en Italie, à se prêter à ce qu'il vivait au mieux comme une comédie, au pire comme une aliénation. Pour autant, des relations se nouèrent, indissolubles, empreintes d'une confiance absolue pour des groupes d'hommes et de femmes qui le comprenaient mieux que lui-même. Patricia Blake, jeune rédactrice au magazine *Vogue*, rencontrée à l'Institut français, qu'il aima toute sa vie, l'universitaire Germaine Brée, spécialiste de Marcel Proust, qu'il retrouva à Bryn Mawr pour une conférence le 29 avril et chez qui il résida, ou encore Konrad Bieber, à qui il adressa en 1954 pour son livre sur les écrivains résistants français, une lettre-préface d'une grande acuité sur les héritages complexes de la lutte contre le nazisme.

En août 1959, Robert Ronald Spector, professeur de littérature anglaise à Long Island University, lui adressa un long questionnaire en vue d'une interview destinée à un numéro de la revue *Venture* qui portait sur la France. Postées de Lourmarin le 20 décembre, les réponses d'Albert Camus arrivèrent avec la nouvelle de sa mort. Spector et les éditeurs de *Venture* décidèrent alors de transformer l'intégralité du numéro : imaginant un spécial "Albert Camus: 1913-1960", ils donnèrent une place centrale au "Final Interview[18]". Dans cet hommage se lisait quelque

15 - A. Camus, *Journaux de voyage*, *op. cit.*, p. 39.

16 - Cité par R. Quilliot, « Introduction », dans A. Camus, *Journaux de voyage*, *op. cit.*, p. 10.

17 - A. Camus, *L'Homme révolté* [1951], dans *Œuvres complètes*, t. III, 1949-1956, éd. publiée sous la dir. de R. Gay-Crosier, Paris, Gallimard, coll. « Bibliothèque de la Pléiade », 2008, p. 319.

18 - A. Camus, *Œuvres complètes*, t. IV, 1957-1959, éd. publiée sous la dir. de R. Gay-Crosier, Paris, Gallimard, coll. « Bibliothèque de la Pléiade », 2008, p. 1504.

chose de fort et d'authentique qui traduisait le rapport particulier des élites intellectuelles américaines avec Camus.

Ce lien s'accrut avec la force des vérités littéraires et des legs politiques, jusqu'aux œuvres d'Alice Kaplan sur *L'Étranger* en 2016[19] et de Richard Powers inscrivant en épigraphe de son roman *Generosity* de 2009, en français : *« La vraie générosité envers l'avenir consiste à tout donner au présent[20] »* – en passant par Tobias Wolff, l'un des plus grands écrivains américains vivant, longtemps professeur à l'université de Stanford où il enseignait *L'Étranger* à ses étudiants. En 2016, il répondait à un entretien de *La Vie des idées* portant sur Albert Camus : *« Je ne peux m'empêcher de penser qu'il l'a écrit à une époque où les gens restaient passifs face aux mouvements de masse tellement destructeurs qu'ils ont transformé en abattoir et détruit une vaste partie de l'Europe, et que ces gens, comme Meursault, n'avaient pas de raison – ne parvinrent pas à en trouver – pour ne pas laisser faire. Très peu ont résisté à la marée montante. Je me demande comment Camus, qui, lui, a résisté, aurait pu écrire* L'Étranger *sans voir en Meursault une sorte d'acteur emblématique dans cette catastrophe[21]. »*

Comme en écho à cette analyse venait l'aveu d'Albert Camus dans la préface de la nouvelle édition américaine de *L'Étranger*, réalisée à l'initiative de Germaine Brée et de Carlos Lynes[22] : *« Il m'est arrivé de dire aussi, et toujours paradoxalement, que j'avais essayé de figurer dans mon personnage le seul Christ que nous méritions[23]. »* Le premier dédicataire de notre livre sur *« les pays de liberté »*, Larry Alton de New York, fut l'un parmi ces nombreux lettrés et artistes à faire vivre Albert Camus dans la conscience américaine. Il témoigne, dans le silence de la mort, d'une fidélité sans égal au monde d'art et d'idées légué par Albert Camus. Alice Kaplan a dit, elle aussi, la puissance d'évocation d'un seul discours plongé dans le passé, seulement réveillé par les commémorations de l'arrivée d'Albert Camus en Amérique : *« J'ai eu des frissons en entendant Viggo Mortensen lire à Columbia, au printemps dernier, le discours qu'avait prononcé Camus en 1946, "La Crise de l'homme". C'était comme si Camus était aussi près de nous aujourd'hui qu'il l'était*

19 - Alice Kaplan, *En quête de « L'Étranger »* (trad. par Patrick Hersant, Paris, Gallimard, 2016) est une forme de biographie du roman de Camus. Son livre parut simultanément aux États-Unis.

20 - Richard Powers, *Générosité : un perfectionnement* [2009], trad. par Jean-Yves Pellegrin, Paris, Cherche Midi, 2011.

21 - M.-P. Ulloa, « Camus en Amérique », art. cité.

22 - Il s'agit de fait d'une édition de nature universitaire publiée à Londres par Methuen & Co. en 1958.

23 - Préface d'A. Camus à cette édition américaine, datée du 8 janvier 1955, *Œuvres complètes*, t. I, 1931-1944, éd. publiée sous la dir. de Jacqueline Lévi-Valensi, Paris, Gallimard, coll. « Bibliothèque de la Pléiade », 2006, p. 216.

soixante-dix ans auparavant, lorsque, par exemple, Camus disait comment sa génération avait été contrainte de s'adapter à un monde de terreur et de meurtre, et que le venin resterait dans le cœur des hommes longtemps après la disparition d'Hitler. Camus nous parle aujourd'hui, mais en réalité, il n'a jamais cessé de nous parler[24]. »

La mer au plus près

Les traversées transatlantiques entre l'Europe et les Amériques qu'Albert Camus réalisa en 1946 et en 1949 l'amenèrent à tenir un *« journal de bord »* qu'il publia sous le titre *La Mer au plus près*[25]. Il y parlait de son passé, des villes qu'il avait connues et de la mer offrant une *« patrie pour le désespéré »*, comme à New York qui restait *« une île*[26] *»*. La traversée de l'Atlantique sud en paquebot mixte fut accompagnée de crises d'étouffement et d'accès de fièvre, ainsi que d'un sentiment profond d'ennui qui ressortit des pages de son journal de voyage extrait de ses *Carnets*. Comme l'écrivit Roger Quilliot, qui les édita en 1978 avec Francine Camus[27], elles portaient la marque d'un état de crise générale, *« crise physique, que Camus mettra de longs mois à surmonter ; crise sentimentale et morale qui se traduit par l'obsession du suicide comme par un sentiment aigu d'exil*[28] *»*.

Des fragments de ce *« journal de bord »* subsistèrent dans ses *Carnets* et dans ses *Journaux de voyage*. Camus y exprima encore ce que la mer représentait pour lui et combien elle comptait dans son existence. Elle lui avait permis de vivre malgré le sentiment d'apatridie qui l'assaillait. Car il savait *« que la mer existait*[29] *»*, qu'elle rassurait malgré son silence impénétrable. Sur le bateau qui l'emmenait au Brésil, il revenait toujours vers elle, *« somptueuse ce soir sous la lune, qui écrit sur la houle lente des signes arabes en traits phosphorescents. Le ciel et les eaux n'en finissent plus. Comme la tristesse y est bien accompagnée*[30] *! »* La musique de la *Toccata* qui s'éleva un soir, au moment où le soleil disparaissait derrière les nuages sur la ligne même de l'horizon,

24 - M.-P. Ulloa, « Camus en Amérique », art. cité.

25 - Dans A. Camus, *L'Été*, Paris, Gallimard, coll. « Les Essais », 1954 (rééd. coll. « Folio » à la suite de *Noces*, 1972).

26 - *Ibid.*

27 - Ils s'appuyèrent sur deux manuscrits dont l'un qui fut mis à leur disposition par Maria Casarès (A. Camus, « Introduction », *Carnets*, t. I, *op. cit.*, p. 8).

28 - *Ibid.*, p. 11.

29 - A. Camus, « Essai sur la mer », *Carnets*, t. II, Paris, Gallimard, coll. « Folio », 2013, p. 296-297.

30 - A. Camus, *Journaux de voyage*, *op. cit.*, p. 53.

donna la mesure du talent littéraire d'Albert Camus[31] : *« Dans le ciel d'opéra, d'immenses traînées rouges, des peluches noires, de fragiles architectures, qui ont l'air faites de fil de fer et de plumes, se disposent dans une vaste ordonnance rouge, verte et noire – couvrant tout le ciel, évoluant dans les éclairages les plus changeants, selon la chorégraphie la plus majestueuse. La* Toccata*, sur cette mer endormie, sous les fêtes de ce ciel royal… le moment est inoubliable. À ce point que le navire entier se tait, les passagers pressés sur les ponts, au bord occidental, ramenés au silence et à ce qu'ils ont de plus vrai, enlevés pour un instant à la misère des jours et à la douleur d'être*[32]*. »*

À l'heure où s'achevait le voyage vers l'Amérique du Sud, Albert Camus saluait cette mer qui l'avait tant aidé[33], s'effrayant un peu de la quitter ainsi que la paix qu'elle promettait. La découverte de l'océan avait encore rapproché Camus de la mer. Celle-ci demeurait toujours la Méditerranée, au gré des passages vers l'Algérie ou des survols vers la Grèce. De ces rivages du Sud où il était né, *« la distance aidant, on voit mieux le visage de l'Europe et on sait qu'il n'est pas beau*[34] *»*. Mais il espérait qu'à ces *« fontaines de vie »*, l'Europe, *« épuisée et honteuse, reviendra un jour s'abreuver*[35] *»*.

À l'heure où s'achevait le voyage vers l'Amérique du Sud, Albert Camus saluait cette mer qui l'avait tant aidé, s'effrayant un peu de la quitter ainsi que la paix qu'elle promettait.

La Méditerranée n'était pas composée seulement des pays qui s'y abreuvaient et qu'Albert Camus avait reconnus pour leur humanité à conquérir ou à reconquérir du sens et du bonheur. Elle faisait vivre aussi un espace qui était celui de la mer. Elle aussi unissait plutôt qu'elle ne séparait. La mer représentait pour Camus un bonheur et une chance, l'exigence de la fraternité et la certitude de la vérité. Pour *La Peste*, il imagina le bain que prirent ensemble Rieux et Tarrou, au plus fort de leur combat, pour faire vivre leur amitié et parce qu'un homme qui lutte pour les victimes, s'il cesse de rien aimer par ailleurs, *« à quoi sert-il qu'il se batte*[36] *? »* Le temps du bain, *« libérés enfin de la ville et de la peste »*, ils nagèrent de concert ; *« la*

31 - Cette scène nous évoque *« cet instant de la musique jetée à travers la mer »* (Marguerite Duras, *L'Amant*, Paris, Éditions de Minuit, 1984, p. 138).

32 - A. Camus, *Carnets*, t. III, *op. cit.*, p. 58-59.

33 - *Ibid.*, p. 61.

34 - A. Camus, « Entretien sur la révolte » [*La Gazette des lettres*, 15 février 1952], *Œuvres complètes*, t. III, *op. cit.*, p. 402.

35 - A. Camus, « Ce soir le rideau se lève sur… René Char » [1948], *Œuvres complètes*, t. II, *1944-1948*, édition sous la dir. de Jacqueline Lévi-Valensi, Paris, Gallimard, coll. « Bibliothèque de la Pléiade », 2006, p. 764-765.

36 - A. Camus, *La Peste*, Paris, Gallimard, coll. « Blanche », 1947, p. 231 (rééd. coll. « Folio », 1972).

mer, ce soir-là, était tiède, de la tiédeur des mers d'automne qui reprennent à la terre la chaleur emmagasinée pendant de longs mois[37] *»*. Cette scène du bain entre deux amis combattant pour la survie d'une humanité tenait son origine d'une certitude révélée alors que la guerre venait d'éclater, quand Albert Camus livra ses pensées définitives dans *Le Soir républicain*, à la date du 17 septembre 1939, convaincu qu'il fallait désespérément garder des images de vie pour imaginer pouvoir un jour reconstruire l'avenir. Ses mots résonnaient comme ceux d'un autre écrivain, son contemporain, mort dans la lutte contre le nazisme en mai 1942, Jacques Decour, qui s'était exprimé de la même manière dès septembre 1938, face aux accords de Munich[38] : *« Tant d'efforts pour la paix, tant d'espoirs mis sur l'homme, tant d'années de luttes ont abouti à cet effondrement et à ce nouveau carnage. Et dans cette heure mortelle, si nous nous retournons vers quelque chose, ce n'est pas vers l'avenir* […] *mais vers les images fragiles et précieuses d'un passé où la vie gardait son sens : joie des corps dans les jeux du soleil et de l'eau, printemps tardif dans des éclatements de fleurs, fraternité des hommes dans un espoir insensé. Cela seul était valable. Cela seul est encore valable mais n'est plus possible. Et pourtant là était la vérité qui aurait dû garder, instruire et préserver les dirigeants des peuples.* […] *Peut-être après cette guerre les arbres refleuriront encore, puisque le monde finit toujours par vaincre l'histoire. Mais ce jour-là, je ne sais pas combien d'hommes seront là pour les voir*[39]. *»*

Communiquant la vie, la mer réconfortait l'âme et donnait du courage. Elle ramenait du sens et de l'intelligence bien que *L'Étranger* en fît le cadre, sur une plage d'Algérie, du meurtre d'un Arabe. *Le Premier Homme* accorda à la mer ce même pouvoir de ressentir sa liberté et de choisir un destin : *« La mer était douce, tiède, le soleil léger maintenant sur les têtes mouillées et la gloire de la lumière emplissait ces jeunes corps d'une joie qui les faisait crier sans arrêt*[40]. *»* Camus écrivait la mer comme il la vivait, sensible à lui restituer son insondable humanité et la beauté des paysages qu'elle déployait, se laissant aller à sa contemplation comme en 1958 sur le *Kairouan* parti de Marseille pour Alger, observant les embruns et les mouettes, se sentant si proche de la solitude des soldats *« sur le pont et sous le vent, blottis dans les*

37 - A. Camus, *La Peste*, *op. cit.*, p. 232.
38 - Voir A. Camus, « Note inédite », dans Jacques Decour, *Comme je vous en donne l'exemple*, Paris, Éditions sociales, 1945, p. 38-39.
39 - A. Camus, « La Guerre » [*Le Soir républicain*, 17 septembre 1939], *Œuvres complètes*, t. I, *op. cit.*, p. 755-756.
40 - A. Camus, *Le Premier Homme*, Paris, Gallimard, coll. « Cahiers Albert Camus », 1994 (rééd. coll. « Folio », 2000).

cordages, la tête enveloppée de foulards, la capote informe[41] ». La mer obligeait à se regarder bien en face, à pouvoir dire : *« J'étais faible, j'ai fait pourtant ce que j'ai pu*[42]. » À Jean Grenier, il confiait en 1958 : *« la mer lave tout*[43] » et à son journal de voyage en Amérique du Nord, alors qu'il voguait vers l'Europe : *« Merveilleuse nuit sur l'Atlantique. Cette heure qui va du soleil disparu à la lune à peine naissante, de l'ouest encore lumineux à l'est déjà sombre. Oui, j'ai beaucoup aimé la mer – cette immensité calme – ces sillages recouverts – ces routes liquides. Pour la première fois un horizon à la mesure d'une respiration d'homme, un espace aussi grand que son audace. [...] Ô douceur des nuits où toutes les étoiles oscillent et glissent au-dessus des mâts, et ce silence en moi, ce silence enfin qui me délivre de tout*[44]. »

En 1958 toujours, de retour d'Algérie, il s'en alla à Nice revoir Martin du Gard presque mourant, séjournant auparavant à Cannes, *« en mer tous les jours*[45] ». D'avion, Camus ne cessait d'être sensible au paysage de la Méditerranée se déployant dans toute sa splendeur. La Grèce qu'il aimait si fort révélait la rencontre de la mer et des rivages créant les îles. Il les comparait à des *« pulvérisations de continents*[46] ». En 1959, son évocation emplissait les dernières pages des *Carnets* : *« c'est dans la mer que la vie est née*[47] ».

41 - A. Camus, *Carnets*, t. III, *op. cit.*, p. 257.
42 - *Ibid.*, p. 77.
43 - A. Camus, lettre à Jean Grenier, 21 juin 1958.
44 - A. Camus, *Journaux de voyage*, *op. cit.*, p. 44-45.
45 - Cannes, fin avril 1958, A. Camus, *Carnets*, t. III, *op. cit.*, p. 263.
46 - *Ibid.*, p. 265.
47 - *Ibid.*, p. 311.

Cultures

Poésie* / *Thierry Metz. Rapatrier l'homme
Blandine Merle

Cinéma* / Seules les bêtes *de Dominik Moll
Alice Jacquelin

Cinéma* / *Après la décennie noire en Algérie
Entretien avec Merzak Allouache

Cinéma* / *Lettre à Franco
Louis Andrieu

Livres

Thierry Metz. Rapatrier l'homme

Blandine Merle

Difficile, concernant Thierry Metz, de faire abstraction de l'homme qu'il fut quand on le lit, tant son parcours fut à la fois singulier et tragique. Singulier, car il n'est pas si courant qu'un manœuvrier de chantier écrive des poèmes ; tragique, car le jour où Thierry Metz apprend que son premier recueil sera publié, son fils est renversé par une voiture. À partir de ce drame, survenu en 1988, son écriture ne cessera de s'apparenter à un réflexe de survie. *L'Homme qui penche* en est l'exemple le plus fort[1]. C'est un recueil entièrement rédigé dans l'urgence : celle de ne pas succomber à l'alcool ni à la dépression à la suite du drame. Il s'agit d'écrire pour contrecarrer l'attraction vers le bas. D'écrire, en somme, pour ne plus pencher. L'effort est colossal, et nécessite un déplacement.

Là-bas, il y a la tentation qui a la couleur du vin. Il y a les sirènes qui chantent, redoutablement bien, l'ivresse. Mais au poète, comme à Ulysse, font défaut les bouchons de cire de ses compagnons. Alors, pour *« redevenir un homme d'eau et de thé »*, Thierry Metz a choisi de prendre le large. De son plein gré et à deux reprises (octobre-novembre 1996, puis janvier 1997), qui structurent en diptyque *L'Homme qui penche*, il a séjourné à l'hôpital psychiatrique de Cadillac.

C'est ici, derrière un haut mur. À l'écart du monde, un autre monde. Un monde fait de couloirs, d'intersections, d'un jardin peuplé de marronniers et de jardiniers qui ramassent les feuilles, d'un fumoir où viennent *« même ceux qui ne fument pas »* car chacun y vient moins pour fumer que pour *« y enterrer quelque chose »*. Les hommes et les femmes qui sont ici, à Cadillac, ont en commun de ne se sentir nulle part, d'être en proie à un vide que rien ne vient combler. Thierry Metz est l'un d'eux :

> *Je me suis réveillé vers quatre heures du matin.*
> *Mais ici je n'en suis toujours qu'au matin,*
> *qu'au début.*
> *Dans le long couloir j'ai croisé René à qui j'ai serré la main. On n'a rien dit. Chacun est allé dans sa direction jusqu'au petit jour. Sans entrer nulle part.*

1 - Thierry Metz, *L'Homme qui penche* [Opales/Pleine page, 1997], préface de Cédric Le Penven, Nice, Éditions Unes, 2016. Les citations qui suivent sont extraites de cette édition.

Ce sentiment de vide, d'inconsistance, parcourt l'ensemble du recueil avec une intensité qui ne décroît jamais. Composé de poèmes tantôt en prose, tantôt en vers libres, *L'Homme qui penche* égrène, par touches le plus souvent allusives et toujours suggestives, des silhouettes égarées d'êtres marginaux : c'est Aurélie, qui *« dessine un chat et un arbre »*, c'est Rainer, amené par les gendarmes et qui *« se tient des discours, seul, sous le préau »*, Sophie, qui *« va vers la mort, en toussant d'une cigarette à l'autre »*, ou encore Dominique, *« sumo d'un cercle que lui seul a tracé »*. On a presque l'impression de tourner les pages d'un album de photographies.

Mais où ne vont pas ces silhouettes égarées ? Le lieu manquant, le lieu perdu n'est autre que soi-même. C'est pourquoi le vœu du poète épouse la simple métaphore de l'habitant et de la maison. Thierry Metz espère rapatrier l'homme qu'il est devenu, depuis la mort accidentelle de son enfant, dans le corps inchangé qui est le sien. La tension entre ici et là-bas se rejoue dès lors à une échelle intime, intérieure. L'enjeu de la parole poétique, affiché dès le début du recueil, est de réconcilier deux entités qui n'auraient jamais dû divorcer :

S'amincir.
Émacier le texte le plus possible.
Chaque mot maintenant désigne la maison
et l'habitant, la rencontre et la réparation.
La maison, l'habitant.
Je sais seulement qu'ils existent.
Seulement ça.
D'abord.

Or il n'y a pas de porte. Le *« seul point de passage »* possible consiste en *« un détail, une inadvertance »*, qui peuvent surgir à n'importe quel moment et qu'il convient dès lors de guetter afin de réconcilier l'habitant et la maison. L'entreprise est ardue, précaire, incertaine. Et chaque poème la tente, par l'évocation des choses et des gestes anodins qui ponctuent le séjour du poète à l'hôpital de Cadillac.

Le recueil trouve son équilibre dans l'incertitude qui persiste le plus souvent à la fin des poèmes : l'habitant est-il rapatrié dans la maison ? À première vue, non. Le rappel, à la fin du recueil, du *« mur »* demeuré *« intact »* et précédé par la formule tragique *« rien n'a bougé »* semble catégorique. La formule résonne d'ailleurs d'autant plus tragiquement lorsqu'on sait que le poète s'est suicidé trois mois après son second séjour à Cadillac. Et pourtant.

Pourtant, l'échec de l'entreprise n'est pas complet. Plusieurs poèmes suggèrent au contraire que quelque chose, *« peut-être »*, a eu lieu. Quelle clairvoyance, de la part de Thierry Metz, que d'envisager la possibilité d'un accomplissement autonome, délié de la conscience du sujet :

> *Chaque jour serait une équation à résoudre*
> *mais les termes varient sans cesse, compliquent*
> *la recherche, annulent d'autres résultats.*
> *Ce n'est qu'un lieu d'approche, pas de*
> *rencontre.*
> *Il me manque toujours tout ce qui aurait pu*
> *être. Et qui peut-être a été.*

Ou encore :

> *Denis est espiègle (déjà huit mois ici) parmi*
> *les chats et les merles. Tous ses propos pour-*
> *tant concernent une attente, un rendez-vous*
> *avec je ne sais qui. Et si ce rendez-vous, fina-*
> *lement, avait eu lieu…*

Ainsi chemine une hypothèse d'accomplissement, en parallèle du sentiment d'errance et du défaut d'itinéraire qui dominent largement le recueil. D'un côté, il y a le vécu tel qu'il a été ressenti par le poète ou par Denis et, de l'autre, le vécu tel que le poète ou Denis pourraient, à distance, le ressentir. Toute l'acuité de ce recueil de l'impasse réside dans le maintien d'ouvertures qui disent la plasticité et la fragilité du réel. Qui disent aussi la possibilité de l'apaisement.

Et parfois, rarement mais cela en est d'autant plus notable, un rapatriement a lieu sous la forme d'une rencontre entre l'habitant-poète et un autre habitant. Le temps de la rencontre est alors un temps de fécondité qui vient conjurer la malédiction de la soif :

> *Janvier, le 28. J'ai soif. Mais heureusement*
> *Farid improvise un air à la guitare. J'écoute,*
> *j'écris – quelque chose entre en silence, y prie*
> *peut-être, donnant des graines.*

Lire *L'Homme qui penche*, c'est assurément être témoin de *« quelque chose »* qui *« entre en silence »* et, à l'improviste, réhabilite notre capacité à tenir debout.

Cinéma

Seules les bêtes de Dominik Moll, un *country noir*

Le film de Dominik Moll, *Seules les bêtes*, adapté d'un polar de Colin Niel (Rouergue noir, 2017) met en scène une intrigue amoureuse entremêlée qui aboutit à un meurtre au cœur d'une vallée reculée du causse Méjean, en Lozère. *Seules les bêtes* diffère des précédents films de Dominik Moll, de *Lemming* (2000) à *Harry, un ami qui vous veut du bien* (2005), en ceci que le huis clos bourgeois s'ouvre à une Afrique à moitié rêvée. Dès l'ouverture, la caméra rapprochée suit le périple d'un jeune homme noir, Armand, transportant sur ses épaules une chèvre à travers des rues labyrinthiques. Quels sentiments lient les faubourgs colorés et bruissants d'Abidjan avec la région austère du causse Méjan et ses habitants : Michel et Joseph les éleveurs, Alice l'assistante sociale, la belle et froide Évelyne, mais aussi la jeune Marion fraîchement arrivée de Sète ? Moll dévoile une puissante fiction amoureuse et l'engrenage de fantasmes fatals qui associe une région française en déshérence à une capitale africaine. Cette ouverture géographique inscrit *Seules les bêtes* dans le genre du *country noir* venu des États-Unis, qui inspirait déjà le roman de Colin Niel, et interroge la relation de domination entre Europe et Afrique, Blancs et Noirs.

Un *country noir* intime et social

Le *country noir*, qu'on traduit parfois par « polar rural » en France, est un genre littéraire et cinématographique qui relève de la fiction criminelle située dans des régions rurales, dans un univers de *whitetrash* ou *redneck* aux États-Unis. Il a notamment émergé en 1996 sous la plume de Daniel Woodrell dans son roman intitulé *Give Us a Kiss: A Country Noir*, mais s'est popularisé lors de l'adaptation au cinéma d'un autre roman de Daniel Woodrell, *Winter's Bone*, par Debra Granik en 2010. Si Woodrell donne au *country noir* son cadre géographique et social – la région marginalisée des monts Ozarks, peuplée de Blancs pauvres qui survivent par la production de méthamphétamines –, c'est Debra Granik qui confère au *country noir* sa grammaire visuelle, faite de longs plans contemplatifs sur un rude paysage enneigé, parsemé de motifs gothiques, des balançoires rouillées dans de misérables arrière-cours à de sombres squelettes d'arbres découpés sur un ciel laiteux sans horizon. On retrouve cette ambiance désespérée dans le film de Moll grâce aux longs plans sur le causse Méjean, *« cette immense étendue désertique cernée de gorges*[1] *»*, qui renvoie au désert sentimental des personnages.

Car le drame qui se joue dans *Seules les bêtes* est à la fois intime et social. *Seules les bêtes* dépeint le désespoir et le malheur de cette population rurale isolée au milieu de ses bêtes, de ses rêves détruits et des fantasmes qu'elle échafaude pour remplir le vide : Alice qui fantasme une passion pour Joseph l'éleveur isolé ; Michel, le mari d'Alice, qui s'abîme dans une romance virtuelle avec « Amandine », sa petite amie africaine rencontrée par *chat* internet interposé qui ne cesse de lui demander de l'argent entre deux déclarations d'amour formatées ; Marion, la jeune amante d'Évelyne, qui harcèle cette dernière bien trop âgée et trop mariée pour elle ; et enfin Joseph, l'éleveur solitaire sur le causse, qui entretient un amour nécrophile pour le cadavre d'Évelyne qu'il cache dans sa grange à foin. La marginalité sociale se conjugue ici avec l'isolement affectif.

Cette fable raconte aussi le malheur des Noirs, la misère et la poursuite de la fortune grâce aux arnaques sur Internet d'une bande de jeunes « brouteurs » d'Abidjan, dont fait partie Armand, le véritable arnaqueur derrière l'avatar d'« Amandine » qui séduit Michel à distance. On sort ainsi de l'entre-soi européen pour interroger les relations de domination raciale entre les deux continents. Le discours porté par le film de Moll, tout comme le roman de Niel, est d'ailleurs empreint d'anticolonialisme : Armand ne se défend-il pas de son activité illégale en expliquant qu'il *« aide à rembourser la dette coloniale »* ? Cette inversion, temporaire, de la domination des Blancs sur les Noirs rend ainsi légitime l'exploitation des espoirs de Michel. Si *Seules les bêtes* dépeint bien une « guerre des pauvres » entre Blancs et Noirs, la puissance du grand mâle blanc riche, Guillaume Ducat, qu'on ne fait qu'entrapercevoir, rappelle cependant que la richesse alliée à la blancheur reste l'outil de la domination absolue et suggère, dans une fin quelque peu différente du roman, un impossible rétablissement des forces.

Une fable gothique

Le film de Moll est construit comme une tragédie en trois actes : on suit la trajectoire d'Alice, assistante sociale des agriculteurs, qui tombe amoureuse de Joseph, un éleveur qui vit reclus sur le plateau du causse Méjean. Cet arc narratif nous livre les premiers éléments du drame : la disparition d'une certaine Évelyne Ducat, les recherches policières frénétiques dans la région et enfin la voiture abandonnée du mari d'Alice, Michel, un éleveur bourru.

1 - Dominik Moll, dossier de presse de *Seules les bêtes*, accessible sur www.hautetcourt.com.

Durant le deuxième acte, on adopte le point de vue de Joseph, l'amant d'Alice, qui vit seul avec ses bêtes et son chien, et qui retrouve le cadavre d'Évelyne Ducat sur le pas de sa porte. Le dernier acte présente l'élément perturbateur par un retour en arrière : l'arrivée sur le causse d'une jeune femme aux cheveux blonds et bouclés, Marion, qui concentre tous les fantasmes. Un peu à la manière de *Rashōmon*, l'intrigue présente trois points de vue sur le meurtre d'Évelyne. Le drame avance lentement, à pas feutrés. Nous sommes véritablement dans une structure de fiction noire puisque *« le récit coïncide maintenant avec l'action*[2] *»*. L'ironie tragique qui clôt le film ne laisse d'ailleurs aucun doute : cette fin à la fois logique et cruelle confère au film *« une noirceur à la fois terrible et jubilatoire*[3] *»*.

Durant toutes les séquences en Lozère, la photographie presque en bichromie de la blancheur du causse gelé contraste avec la chaleur sépia des scènes tournées à Abidjan. Les deux mondes s'opposent sous la caméra de Moll, la vie foisonnante d'Abidjan contre la morbidité opaline d'un univers rural déclinant. Toutefois, la caméra de Moll perce souvent la plaque de givre du causse pour fouiller dans les recoins ténébreux, comme cet antre construit par Joseph entre des blocs de foin pour abriter le corps d'Évelyne qu'il chérit. Au cœur de ce boyau fourrager, le cadavre se relève pour mettre des mots sur la détresse de Joseph et du monde paysan en général : *« T'es le dernier, ils sont tous morts »*, lui dit-elle d'une voix très douce.

Il règne sur *Seules les bêtes* une ambiance surnaturelle et horrifique. Les fantômes de femmes rêvées mènent les hommes blancs à leur perte, aussi bien Joseph et sa morte amoureuse que Michel et son amante virtuelle. Mais les croyances occultes sont aussi du côté d'Abidjan, où la magie noire et les sacrifices de chèvres fonctionnent presque trop bien : Michel est si « accroché » par l'Amandine numérique qu'il commence à la voir à chaque coin de rue, sous les traits d'une autre. L'hommage à Hitchcock n'est pas loin. L'une des grandes forces du film de Moll tient au tendre lien qui se crée entre Armand/Amandine et sa cible Michel. La douceur s'installe entre l'arnaqueur ivoirien et l'éleveur français qui pianote sur son clavier au milieu de ses vaches dans la solitude de son étable : seules les bêtes… L'intimité de cette relation à distance à travers un écran, crédible et douce, rappelle avec force la puissance du fantasme, de l'imagination et finalement de la fiction elle-même.

Alice Jacquelin

2 - Sur la différence entre le *whodunnit* traditionnel et le roman noir, voir Tzvetan Todorov, « Typologie du roman policier », dans *Poétique de la prose*, Paris, Seuil, 1971, p. 3-10.

3 - D. Moll, dossier de presse de *Seules les bêtes*, *op. cit.*

Après la décennie noire en Algérie

Entretien avec Merzak Allouache à propos de son film Le Repenti *(2012)*

L'esthétique cinématographique de votre film* Le Repenti *semble révélatrice d'une amnésie nationale profonde. L'Algérie a-t-elle du mal à tourner la page de la « décennie noire » ?

Je ne suis pas sociologue et jusqu'à aujourd'hui, il n'y a pas à ma connaissance d'études vraiment sérieuses (historiques ou sociologiques) qui ont abordé la décennie noire et l'amnésie officielle qui s'est ensuivie. En ce qui me concerne, en tant que cinéaste, je ne fais qu'observer la société algérienne, ce qui me permet de raconter des histoires (fictions) qui collent plus ou moins à la réalité du moment. En 2012, au moment des « révolutions arabes » (Égypte, Tunisie, Libye), le problème de l'amnésie en Algérie remonte à la surface. On commence à en parler dans la presse.

En 1999, après les négociations entre l'armée et les « maquisards » de l'Armée islamique du salut, suivie par l'instauration de la concorde civile, alors que nous découvrons un personnage nouveau au sein de la population algérienne, le « repenti », je lis dans un journal algérien une lettre de lecteur relatant l'histoire horrible qui allait donner naissance au scénario du *Repenti*. Un ancien terroriste voulait monnayer avec une famille la visite de la tombe d'un enfant enlevé et assassiné dans les maquis. Je n'ai pu tourner le film qu'en 2012. Dans la société algérienne et particulièrement parmi les personnes touchées dans leur chair par le terrorisme, l'idée même d'une concorde civile imposée était unanimement rejetée dès son instauration. D'autant plus qu'on découvre que ces fameux « repentis », qui ont semé la terreur pendant une décennie, réintègrent la société, ouvrent des commerces et constituent petit à petit une nouvelle bourgeoisie islamiste.

Quels messages avez-vous tenté de communiquer dans* Le Repenti *?

En fait, je n'essaie pas de passer des messages dans mes films, ni de placer dans les dialogues de mes personnages des slogans, comme c'est le cas dans de nombreux films algériens ayant pour thème la guerre de libération nationale. Je me contente de raconter des histoires où il est question de personnages qui viennent du réel et qui vivent leurs contradictions.

Aujourd'hui, vingt ans après le vote de la loi sur la concorde civile, comment percevez-vous l'évolution

de la société algérienne face à l'extrémisme ?

Je remarque simplement que la société est profondément islamisée, en particulier au sein des nouvelles générations, dont la majorité est issue de « l'école fondamentale ». J'ai d'ailleurs pu m'en apercevoir en tournant mon film *Enquête au paradis* (2017) à travers les questions que je posais et les réponses assez surprenantes que je recevais. Si nous sentons la pensée islamiste dans les discours quotidiens, l'extrémisme n'est jamais évoqué publiquement, donc, encore une fois, seule une étude sociologique peut répondre à cette question.

Votre film n'est pas sorti en salle en Algérie. Avez-vous le sentiment de ne pas pouvoir communiquer aussi directement que vous le voudriez avec le peuple algérien ?

En fait, il n'y a pratiquement plus de salles en Algérie (il en reste quelques-unes dans les grandes villes) et la fonction de distributeur, qui est le « passeur » entre le public et nous, a disparu, donc les films algériens ne sont visionnés que lors d'avant-premières officielles ou durant les quelques festivals qui existent çà et là et qui n'attirent qu'un maigre public cinéphile. Depuis des décennies, on parle de rénovation des anciennes salles, d'ouverture de multiplex, mais rien n'est fait. Nous ne pouvons donc pas vraiment parler d'une communication du cinéaste avec son public, comme c'était le cas dans les années 1970-1980. Mes films n'existent que s'ils sont sélectionnés dans des festivals internationaux ou distribués dans des pays européens. Sinon, il ne se passe rien. Les Algériens ne connaissent que mes premiers films. J'évoque souvent, dans mes interviews, ma frustration d'avoir perdu mon public.

Vous n'avez reçu aucune aide financière pour* Le Repenti*. Comment cela se fait-il ?

Effectivement, après le film *Harragas* (2009), très mal accueilli par les autorités culturelles en Algérie car dévoilant des faits qu'on n'avait pas envie de voir, j'ai tourné un film très personnel, sans aide du ministère de la Culture, puis j'ai déposé une demande d'aide pour *Le Repenti*. J'ai reçu une réponse négative du ministère qui évoquait le film *Harragas* et qui trouvait le sujet du « repenti » ambigu. J'ai quand même pu le réaliser avec des moyens dérisoires. Lorsque ce film est passé au Festival de Cannes, il y a eu beaucoup de critiques négatives de la presse algérienne.

Le Repenti *est-il une critique directe de la loi sur la concorde civile ? Est-ce un film politique ?*

Tous mes films sont politiques car j'observe la société algérienne sans faire de concessions. Effectivement, *Le Repenti* est une critique de cette loi imposée, qui laisse les familles victimes du terrorisme dans le désarroi, d'autant qu'il n'y a eu aucun débat sur cette période tragique.

Dans* Le Repenti*, vous abordez la réintégration des extrémistes dans la société algérienne, alors que dans* Harragas*, vous traitiez de l'émigration des jeunes vers les pays occidentaux. Aujourd'hui, le peuple algérien manifeste dans les rues pour mettre en place un État de droit. Peut-on parler d'une évolution de l'Algérie vers une maturité politique ?
Avant le 22 février, début du *Hirak*, grand mouvement de contestation du peuple algérien, j'étais très pessimiste et je craignais une nouvelle flambée de violence généralisée, tellement la tension était grande en Algérie. J'ai donc été, comme beaucoup de gens, agréablement surpris par ces manifestations pacifiques et cette maturité politique, qui jusqu'à aujourd'hui ne faiblit pas, malgré toutes les tentatives habituelles d'étouffement. La prise de parole des Algériennes et des Algériens est quelque chose de formidable et je pense que nous ne pouvons plus revenir en arrière…

Propos recueillis
par Nora Boudghène
le 27 novembre 2019 dans le cadre du programme d'enseignement "Middle Eastern Cinema and Politics" (Dr Diana Gonzalez-Duclert) de Sciences Po.

Lettre à Franco

Lettre à Franco – dont le titre original, *Mientras dure la guerra* (« Tant que durera la guerre »), fait référence à une formule du Conseil de défense nationale (Junta de Defensa Nacional) confiant le commandement militaire et politique à Franco, acte instituant sa prise de pouvoir – déploie son récit vers un épisode célèbre de la guerre civile espagnole : le discours de Miguel de Unamuno (interprété par Karra Elejalde), le 12 octobre 1936, dans lequel l'intellectuel déclara à son public, franquiste : « *Vous vaincrez, mais vous ne convaincrez pas.* » Prolongeant thématiquement *Agora* (2010) dans l'œuvre d'Alejandro Amenábar, par la description d'individus luttant contre l'esprit de groupe et l'anti-intellectualisme, il signe en même temps la critique audacieuse d'une certaine mauvaise conscience dans l'identité nationale espagnole.

Le film commence et se clôt en effet par des plans de drapeaux espagnols ; celui de la Seconde République (1931-1939) au début, celui de la monarchie à la fin, dont les couleurs jaune et rouge furent reprises par le régime démocratique actuel, les deux comportant par ailleurs la devise nationale *Plus ultra*, issue de Charles Quint. La scène clé survient quand Franco (Santi Prego reproduit à la perfection son ton et son visage placides) fait arborer, à la fenêtre de son quartier général de Cáceres, ce drapeau *« de toujours »*, avant que son lieutenant Millán-Astray (Eduard Fernández, lauréat du Goya du meilleur second rôle pour son interprétation) demande aux soldats d'entamer la *Marcha Real*, l'hymne actuel de l'Espagne ! Dans un moment très ambigu et puissant, la troupe entame d'abord le chant dans une de ses versions écrites, avant de finir par des « La la la… », comme le font aujourd'hui les Espagnols, cet hymne ne possédant pas officiellement de paroles. Ce jeu filmique sur ces deux symboles nationaux semble porter, de la part d'Amenábar, un message amer à ces compatriotes : la forme républicaine de gouvernement a disparu de la vie politique espagnole, dont les apparats symboliques, hormis les armoiries, n'ont pas été renouvelés lors du passage à la démocratie.

Il est tout aussi ironique et significatif que le discours final d'Unamuno se déroule un 12 octobre, « Jour de la race » à l'époque et *Fiesta Nacional* aujourd'hui, toujours sous un prétexte contestable – la date commémore l'arrivée de Christophe Colomb aux Bahamas. Unamuno qui, convoqué pour participer à la cérémonie, juge ridicule ce *Día de la Raza*, propose dans son allocution une autre identité espagnole : celle d'un pays multiple, peuplé de Basques, de Castillans, de Catalans, unis par une langue nationale et le besoin de cohabiter, non par leurs croyances ou leurs orientations politiques. Le spectateur pourra d'ailleurs s'amuser d'un propos de l'intellectuel, au début du film, déclarant que le statut d'autonomie accordé à la Catalogne par la République en 1932 aurait *« rompu l'Espagne »* ; instant scénaristique paraissant se référer aux débats actuels autour du régionalisme catalan.

Une tristesse se crée enfin en constatant que l'essentiel du récit se déroule à Salamanque, dans l'université dont Unamuno était recteur au moment du soulèvement militaire du 18 juillet 1936, cœur de la vie culturelle espagnole, lieu de naissance du droit des gens et des prémices du droit international. Comme *Agora*, *Lettre à Franco* décrit la disparition d'un monde : l'hellénisme dans le premier, l'art de la conversation intellectuelle *(tertulia)* ici, dont la dernière a lieu entre le héros et son ami Salvador Vila, exécuté peu après, lui rappelant comment le vieux philosophe a épousé toutes les idéologies au long de son parcours. Ce faisant, le scénario d'Amenábar traite moins du franquisme, décrit avec justesse comme l'ascension d'un officier banal comprenant qu'il peut prendre le pouvoir en s'appuyant sur le national-catholicisme, que de l'erreur d'un homme, Unamuno, croyant avoir affaire à des conservateurs ordinaires, qui déclareront vite *« Mort aux intellectuels »* et *« Vive la mort »* devant lui. Un homme pensant que l'enjeu réside encore dans la forme, le style risible des franquistes ou la qualité écrite des communiqués, sans deviner la violence du fond, l'atavisme antidémocratique.

L'ensemble rappelle les travaux de l'historien Paul Preston sur la guerre civile espagnole[1], en particulier la scène édifiante, sans doute inventée, où Franco explique à son frère, dans un avion survolant l'Espagne, qu'il va attaquer Tolède, y devenir un *« héros »* en prenant l'Alcázar et procéder à des massacres contre les forces de gauche, afin d'asseoir son pouvoir et d'en finir avec *« la bagarre »* politique, selon lui au cœur de l'*habitus* espagnol. Au mieux le spectateur peut-il voir un léger optimisme dans la dernière image du film, ce drapeau jaune et rouge, peut-être plus consensuel que celui de la République, flottant derrière un carton indiquant la date des premières élections démocratiques pendant la transition, le 15 juin 1977. Cependant, Amenábar semble proposer un message pessimiste tout au long de son film, sur la difficulté de renouveler une identité nationale et politique, de créer une appartenance commune rénovée, d'aboutir à une réconciliation entre citoyens.

Lettre à Franco doit donc se regarder avec un œil averti, et son distributeur Haut et Court se distingue en le présentant sur les écrans en France, certes quatre mois après sa sortie en Espagne. S'il peut servir de support pour découvrir la guerre civile espagnole, un spectateur ne connaissant pas les détails de ce conflit pourrait en perdre l'essence. Loin des bons sentiments ou d'une hagiographie de son personnages principal – le film commence en rappelant l'état d'une Espagne partagée entre conservateurs et progressistes, deux habitants de Salamanque s'apostrophant lors de l'arrivée des troupes nationalistes sur la *Plaza Mayor* –, il propose un récit nuancé sur la compromission personnelle. Celle d'Unamuno, qui parviendra par un discours de vérité à effacer son soutien initial au coup d'État, et celle de Miguel Cabanellas, l'un des généraux putschistes, contraint par la pression du groupe à consentir au transfert des charges politiques en la personne de Franco.

Une orientation thématique courageuse, servie par des acteurs talentueux et une photographie travaillant le flou et la lumière, loin de la *« tendance didactique (léger ennui compris) »* qu'évoquait Philippe Ridet à propos du film dans *Le Monde* du 19 février dernier. Au contraire, Amenábar propose, n'expose pas un héros consensuel, mais invite les spectateurs à chercher en eux leur part de courage ou de lâcheté, et à remettre en cause leurs histoires, leurs anciennes identités nationales.

Louis Andrieu

1 - Voir Paul Preston, *Une guerre d'extermination. Espagne (1936-1945)*, trad. par Laurent Bury et Patrick Hersant, Paris, Belin, 2016 et *La Guerre civile espagnole*, adaptée en bande dessinée par José Pablo García, Paris, Belin, 2017.

Livres

Modernité et antihumanisme. Les combats philosophiques de Georg Lukács

Nicolas Tertulian

Éd. Pierre Rusch

Klincksieck, 2019, 368 p., 35 €

1914, 1917, 1933 : trois dates qui s'affichent au mur de l'histoire comme un renouvelé *Mane, thecel, phares*. Trois cercles de fer qui écrasent le cerveau de qui prétend et doit penser. Ceux qui se sont dérobés à cette réquisition et ont failli à l'honneur, de fait leur œuvre pèse le poids de la plume et non celui du mont Taishan. C'est bien avant tout à cette mesure que doit être rapportée toute une génération, celle des *« sombres temps »*. Pour aller trop vite : Bloch, Brecht, Benjamin, Arendt, Adorno, les frères Mann.

Et bien sûr, aux premiers rangs du front, Lukács qui, comme tous les autres, a buté sur l'énigme d'un pays des poètes et des penseurs qui s'abîme, d'une culture qui, fille du *logos*, consacre le triomphe de *thanatos*, même si tous les autres n'ont pas pensé comme lui que 1917 était la réponse à 1914 et l'arme absolue contre 1933. Chez lui, c'est encore plus frappant que pour d'autres, l'événement a introduit un *clinamen* décisif et définitif dans sa pensée : le brillant essayiste des années 1900 à l'inspiration existentielle et religieuse se métamorphose en militant, voire en dirigeant bolchevique.

Ce ne fut pas sans conséquence de passer de Kant et Kierkegaard à Lénine (même si Hegel, *« qui siège aujourd'hui à Moscou »*, pour reprendre la formule de Bloch, joua le rôle d'un médiateur jamais *« évanouissant »*). Brecht parle parfois pour le vanter ou le réclamer d'un style *plump*, « massif », propre à l'époque. Cette brutalité et rapidité dans le *« temps de conclure »*, Lukács les a pratiquées sans conteste (*La Destruction de la raison* de 1954 en sera l'emblème) et elles n'ont pas manqué de le mettre à l'écart de la communauté académique, qui a considéré avec une hauteur mandarinale toute philistine son œuvre de la maturité, lorsqu'il a cessé d'être le *Wunder-Boy* du salon de Max Weber et qu'il a renoncé à ce qu'il appelait joliment la *« tentation de Heidelberg »*.

Nicolas Tertulian, dont nous déplorons la perte récente, survenue le 11 septembre 2019, était au tout premier rang – et longtemps presque seul à tenir la position, comme Socrate à Délion, de ceux qui se sont employés à renverser ce *mainstream* intellectuel, qui débordait même la guerre froide, et à tirer Lukács du discrédit – pire, du désintérêt – dont il se trouvait victime et le réduisait à l'inexistence.

Travail de toute une vie dont il nous avait, il y a peu, livré un imposant témoignage[1] et qu'un nouveau volume vient compléter, grâce aux soins de Michèle Cohen-Halimi, qui a repris la collection de Miguel Abensour, et au travail éditorial de Pierre Rusch.

Ce dernier nous donne à l'occasion une présentation sensible et juste, aussi bien dans son évocation de Nicolas Tertulian que de Lukács. Qu'il nous soit permis à notre tour, un instant, d'esquisser quelques traits. Nicolas Tertulian faisait revivre pour nous de manière frappante l'aura défunte de la *Mitteleuropa* : la gravité, le sérieux, le savoir sans défaut de l'*Ordinarius* germanique, mais dépourvus de sa morgue wilhelminienne vile et répugnante (George Grosz), tout au contraire nimbés d'une urbanité, d'une politesse et d'une simplicité toutes « viennoises » (ajoutons une discrète, mais souterraine marque « praguoise », celle de l'éternel et brave soldat Chvéïk).

Pierre Rusch, au fil du texte, relève à juste titre une intervention de Lukács de 1946 aux Rencontres de Genève (ces forums qui devaient rassembler l'Est et l'Ouest) dont le titre, « Conception aristocratique et conception démocratique du monde », mérite d'être considéré car il pourrait bien être le fil qui court dans toute son œuvre. La question, de fait, n'est pas sans portée : que signifie être aristocrate dans le domaine de la pensée et pourquoi faut-il combattre cette position ? À quoi ce combat nous mène-t-il ? Dit en passant : comment ne pas songer aux méditations d'Arendt sur le *« vent de la pensée »* ?

J'avancerais volontiers que cette conférence, cet *agôn* « Aristocratie et démocratie » (probablement, à vrai dire, version heureusement rectifiée du canonique choix entre la ligne de Démocrite et celle de Platon), pourrait donner son titre au volume, en tout cas peut-il être lu dans cette optique. Il rassemble une dizaine d'études abordant des auteurs analysés dans les rapports que Lukács a eus avec eux et/ou eux avec lui, tels Bloch, Nicolai Hartmann, Croce, Adorno, Gramsci, Sartre ou Gehlen, ajoutons deux textes plus brefs sur Carl Schmitt.

Mais la cible du livre, c'est Heidegger, et la flèche, c'est Hegel. Trois textes principaux sont consacrés au *Rector magnificus* de Freiburg, issus d'articles récents des *Temps Modernes* et des *Archives de philosophie* : « Histoire de l'être et révolution politique », « Le concept d'aliénation chez Heidegger et Lukács » et le considérable « Lukács et Heidegger – les deux ontologies », dont nous avons ici le texte non écourté, plus de cent pages dans une typographie pourtant miniaturisée.

1 - Nicolas Tertulian, *Pourquoi Lukács ?*, Paris, Édition de la Maison des sciences de l'homme, 2016. Voir le compte rendu dans *Esprit*, septembre 2017.

Pour aller et dire vite, et c'est son originalité, voire son audace, cette confrontation avec Heidegger se fait sur deux scènes. Elle ne se contente pas d'examiner sa politique, mais elle pose une question sur le projet ontologique lui-même sous une rare formule : n'y a-t-il pas maldonne dès le départ, en ce sens que l'ontologie se perd avec la *Seinsfrage*, loin de *« se renforcer en s'épurant »*, dès lors qu'elle renonce à être catégorielle ?

Attardons-nous un instant sur l'abord de cette *vexata quaestio* (à vrai dire surtout à l'époque) de la politique de Heidegger. Il participe d'un débat que le livre de Victor Farias (*Heidegger et le nazisme*, Verdier, 1987) venait en France de ranimer vigoureusement, jetant le jour le plus cru sur les liens de Heidegger avec le nazisme et rendant incontournable l'interrogation sur les rapports intrinsèques que pouvait avoir avec lui, ou non, sa philosophie. Pouvait-on se contenter d'y voir un engagement temporaire, une « bévue », qu'un tournant philosophique aurait démenti ?

Ce qui rend l'analyse de Tertulian tout à fait topique et utile, c'est qu'elle concerne justement les *Beiträge* : écrits entre 1936 et 1938, postérieurs donc au rectorat, entre *Sein und Zeit* et la *Lettre sur l'humanisme*, on peut les considérer comme le premier grand texte du fameux tournant *(Kehre)* que la pensée de Heidegger aurait pris alors. Pour dire vite, ce qui est en débat, c'est la nature de ce revirement, l'enjeu, c'est le crédit à accorder ou non à une vulgate (due autant aux commentateurs qu'à Heidegger lui-même) pour laquelle le rectorat aurait été un échec qui aurait ouvert les yeux de Heidegger, renonçant alors à l'activisme politique et philosophique, et infléchissant la *Seinsfrage* vers la *Gelassenheit* : une sorte de désaveu de la *« tentation de Syracuse »*, sa « Lettre VII ».

Or rien n'est moins sûr : il s'agit bien d'un *« autre commencement »*, encore faut-il se demander à quoi résiste ce contre-mouvement, de quelle manière et porté par qui. *« Le rapport originel et authentique au commencement est l'esprit révolutionnaire qui, par le bouleversement de la vie ordinaire, libère à nouveau la loi occultée qui présidait au commencement »*, voilà ce qu'on lit dans le cours du semestre d'hiver 1937-1938 et qu'une remarque en passant, plus tard supprimée, qu'on trouve dans le cours sur Schelling de 1936, libère de toute équivoque : la question historiale ne se sépare point d'une réponse historique, le *« renouveau spirituel de la vie entière »* requiert un agent, tels *« les deux hommes, Mussolini et Hitler, qui ont déclenché des contre-mouvements en Europe »*.

Pour Heidegger, si le nazisme doit être congédié, ce n'est pas parce qu'il en a « trop » fait ; tout au contraire, il n'a pas été suffisamment radical, incapable de se hisser au niveau historial qu'il semblait annoncer. Toutefois, le *Deutschtum*, et lui seul, malgré cette dommageable défaillance, demeure à la hauteur de ce défi et capable de répondre à l'appel de la *« Seinsfrage »* dans la *« détresse de l'absence de détresse »*, apax ontologique et seul support du contre-mouvement car immune de la *Machenschaft* libérale et bolchevique (un en deux du reste). *« Allemands, encore un effort… »* Si l'Allemagne, ainsi mise à l'écart, jouit d'un statut réservé, la réponse à l'exigence historiale impose une autre marque d'élection et d'élitisme : il y va d'une *« aristocratie de l'esprit »* possédant la *« force intérieure indispensable pour lui* [l'exigence historiale] *donner la suprématie »*. Bien difficile, on le constate, de soustraire cette ontologie, fût-elle « déconstruite » ou « fondamentale », d'un projet activiste et politique.

Tâche impossible, maintenant, que de rendre justice à la « confrontation » que propose Nicolas Tertulian, sous le titre « Les deux ontologies », de Lukács avec Heidegger. C'est un véritable livre dans le livre qui, minutieusement, s'attache au projet ontologique heideggérien (dans sa période classique, avant la *Kehre*), tel qu'il s'expose dans une série de concepts : l'être-jeté, l'authenticité, l'instant, la compréhension, la finitude, la critique de la sécurité, la « preuve » par l'effroi. On peut toutefois tenter de ressaisir l'âme de cette gigantomachie. Il s'agit, avec Lukács et sous sa bannière, de la défense de Hegel. Non, la phénoménologie (husserlienne) n'est pas la voie royale de l'ontologie, pas davantage que le *salto mortale* kierkegaardien. Certes, l'ontologie de Heidegger renonce à *« l'intuition des essences »* husserlienne, mais le passage substitutif aux existentiaux, ressource d'une herméneutique de la facticité d'héritage kierkegaardien, est l'objet d'un *« sévère désaveu »* au titre d'une pensée qui chercherait dans des dispositions affectives *(Stimmungen)*, comme l'angoisse ou l'ennui, le décisif accès à l'ontologie.

Il faudrait aussi évoquer, bien sûr et surtout, le différend radical, celui qui porte sur le statut de la négation. L'idée heideggérienne d'une *« nullité du fondement »* (traduction de Tertulian), caractéristique structurelle de *« l'être-jeté »*, et plus globalement l'ontologisation du néant qui se fait jour dans la célèbre leçon inaugurale de 1929, *Qu'est-ce que la métaphysique ?*, ne peut que rebuter un penseur pour qui la négation est déterminée. Qu'est-ce qu'une ontologie qui prétend se soustraire aux catégories (déterminations) par recours à la compréhension ? Qu'est-ce qu'une ontologie qui assure se ménager l'accès à un être autre que médié ? Pour Hegel-Lukács, Heidegger retrouve une impasse toute semblable à celle qui est dénoncée dans la préface à la *Phénoménologie de l'esprit* : celle d'un philosophe qui, comme un mauvais peintre, n'aurait que deux couleurs à sa disposition.

Reste à demander d'où vient ce choix ontologique, à questionner son sens ou sa portée. C'est ici que nous retrouvons le fil rouge dessiné dans la conférence aux Rencontres Genève de 1946. Toute l'œuvre de Lukács des années de crise, des *« derniers jours de l'humanité »*, est commandée par un sentiment violent : la complicité des penseurs avec le désastre. L'un des traits essentiels de cette forfaiture, c'est le choix criminel d'une exaltation de la danse macabre, redoublée par la revendication de la dureté et de la valeur éthique et heuristique de la peur.

Installer l'ontologie à l'ombre de l'effroi ou de la terreur, c'est bien sûr raréfier la pensée et la remettre comme tâche à un groupe restreint, d'une autre étoffe, hommes ou peuples. C'est donc aussi bien égarer et désarmer. La position aristocratique qui se dresse *« dans la surpuissance de l'étant »*, au cœur de la solitude et du désastre, a bien pour visée de priver de sa puissance l'homme du commun et de le soumettre à la direction de ceux qui se sont séparés et prétendent se mesurer à l'effroi de l'errance. Lukács, lui, demeure fidèle au souvenir des trois dates époquales qui ont fixé pour lui les deux camps : les Rouges et les Blancs, et qui ne tournoient pas comme chez Miklós Jancsó. *No pasarán*, le rouge est mis.

Jean-Loup Thébaud

Pragmatisme et démocratie radicale

Alice Le Goff

CNRS Éditions, 2019, 272 p., 25 €

La démocratie radicale remet en cause la délégation du pouvoir dans le régime représentatif. Elle figure parmi les principales issues politico-philosophiques aux impasses produites par l'individualisme néolibéral : inégalités, crise écologique, abstention, etc. Dans cet ouvrage, Alice Le Goff examine le point de vue pragmatiste de John Dewey sur la démocratie radicale.

Si les théories de la démocratie radicale chez Arendt, Castoriadis ou Chantal Mouffe ouvrent la perspective d'une plus grande contribution populaire à l'exercice du pouvoir, elles ne prennent pas assez en considération le substrat social sur lequel elles pourraient s'appuyer et les obstacles qu'il pourrait lui opposer. Or, selon A. Le Goff, ce n'est pas le cas du pragmatisme, qui porte une attention critique aux écueils de l'individualisme libéral ou atomistique dominant aux États-Unis du XXe siècle, mais aussi aux conditions sociales d'émergence de l'agir social et de la coopération.

La philosophie démocratique de Dewey émerge au sein du courant progressiste américain, dans le cadre de la montée des inégalités et des conflits sociaux liés à la croissance industrielle des États-Unis à la fin du XIXe siècle. Elle se fonde sur la dynamique d'expérimentation immanente à l'action : Dewey conçoit ainsi la conscience comme réflexivité surgissant au moment où des problèmes entravent la poursuite de l'action, ce qui nourrit la recherche d'hypothèses pour les surmonter. Elle s'appuie également sur un individualisme élargi : les individus n'existent qu'en association, et cette socialisation s'approfondit à partir du moment où chacun intègre le point de vue de l'action des autres. Cette socialité propre à l'action justifie la démocratisation de la société dans son ensemble, et non seulement de la politique, dans la perspective d'une *« démocratie industrielle »* abordée d'abord par l'éducation. L'éducation ne doit être ni simple transmission de la tradition ni acquisition de compétences utilitaires, mais une activité à la fois expérimentale et coopérative, où l'on apprend à résoudre des problèmes en coordination avec autrui. En ce sens, la transformation de l'éducation constitue un moyen de diffusion de la méthode de l'enquête dans toute la société, dans la perspective d'un cercle vertueux entre démocratisations éducative, sociale et politique. Dans cette perspective, le rôle de l'État est de garantir le pluralisme des publics, c'est-à-dire des communautés affectées par l'entrelacement des actions humaines : l'État organise le public par expérimentation dans un cadre associatif qu'il doit soutenir.

La perspective de Dewey permet d'imaginer des transformations politiques et sociales démocratiques qui partent de potentialités immanentes à l'action elle-même, et explicitées à partir d'une perspective critique. Cependant, le sociologique Charles Wright Mills, lui aussi ancré dans le pragmatisme mais plus pessimiste, souligne l'opposition entre l'imprévisibilité de l'expérimentation et la routinisation que les institutions impliquent. De plus, les conflits entre sphères sociales, dont Dewey admet l'existence mais qui peuvent être selon lui résolus par la méthode de l'enquête, sont des luttes pour des biens économiques mais aussi des luttes pour un statut. Dès lors, la massification menace les processus démocratiques en fragmentant davantage les publics, donne le pouvoir aux élites qui maîtrisent les techniques de communication et réduit les classes moyennes à la concurrence pour le statut dans le cadre des institutions existantes.

Ces ambivalences se manifestent, selon A. Le Goff, dans les tentatives d'institutionnalisation des intuitions de Dewey, par exemple dans le paradigme de l'*Empowered Participatory Governance* développé notamment par Archon Fung. Celui-ci part de l'observation de modes démocratiques de gouvernance développés dans le système éducatif et l'administration policière de Chicago dans les années 1980. Il s'agit d'associer participation et délibération grâce à des rencontres entre les diverses parties concernées. L'autorité publique contribue au cadre délibératif en fixant certaines procédures et médiations, qui doivent garantir que ce ne sont pas les mieux dotés en capital social qui en tirent profit. Cet exemple montre comment on peut articuler le niveau central et le niveau local, représentation et démocratie directe, etc. Or une telle polyarchie doit s'appuyer sur des contre-pouvoirs locaux sans lesquels elle ne dispose plus du soubassement suffisant pour agir. Plus généralement, elle est tributaire du *« style de groupe »* effectivement mis en place. Un groupe peut se situer dans une perspective routinière et ne pas interroger son action, ou bien interroger ces fins et chercher à les prendre en main par lui-même. Seul un groupe réflexif est au fond vraiment démocratique. De plus, il paraît difficile d'intégrer un tel mode de fonctionnement dans un système capitaliste qui risque sans cesse de l'absorber : les administrations peuvent se servir de la participation comme d'un mode de construction du consentement. La gestion de la participation peut elle-même devenir un marché lucratif. Enfin, le temps nécessaire à la délibération paraît peu compatible avec l'accélération propre au capitalisme contemporain.

L'ouvrage d'A. Le Goff montre l'intérêt de Dewey pour penser la démocratie à partir du social et offre au lecteur une certaine richesse de références moins connues dans le contexte français. Cependant, face aux ambiguïtés du pragmatisme, l'autrice invite en conclusion à développer une théorie du pouvoir et de la stratification sociale. N'est-ce pas là un aveu implicite d'impuissance dans un contexte où, pour reprendre les mots de Fredric Jameson, on imagine plus facilement la fin du monde que la fin du capitalisme ? La piste d'un approfondissement des théories des modes de conflictualité démocratiques, à défaut de perspectives révolutionnaires, semble plus prometteuse.

Xenophon Tenezakis

Aux racines de l'anthropocène. Une crise écologique reflet d'une crise de l'homme

Michel Magny

Le Bord de l'eau, 2019, 386 p., 24 €

Depuis leur apparition, les hommes ont méthodiquement aménagé et pesé sur les milieux naturels dans lesquels ils évoluaient. Ce furent d'abord les activités des chasseurs collecteurs, puis les révolutions du néolithique. Vinrent ensuite les bouleversements majeurs survenus avec l'invention de la machine à vapeur (1784) et la révolution industrielle, et leur formidable accélération depuis les années 1950. En 2000, le chimiste néerlandais Paul Josef Crutzen a forgé le mot « anthropocène » pour désigner ce nouveau moment social-historique où *« l'influence de l'homme sur la Terre, les écosystèmes qu'elle abrite, et l'atmosphère est devenue elle-même une véritable force géologique »*. C'est peu dire que la question de l'anthropocène fait figure de nouvelle grande peur. Elle interroge le devenir de l'humanité.

C'est au cœur de ces débats que s'inscrit l'ouvrage du paléoclimatologue Michel Magny, dans lequel il parcourt méthodiquement *« l'histoire de l'anthropos »*. Il poursuit ses réflexions par une mise au point rigoureuse sur la question de l'anthropocène comme *« crise écologique »* puis se livre pour finir à une réflexion serrée sur l'anthropocène comme *« crise de l'homme »*.

On retiendra tout particulièrement de ses premières réflexions son invitation à relire à frais nouveaux ce penseur inclassable que fut Charles Darwin, comme les anthropologues soucieux de s'interroger sur le politique, tels Marshall Sahlins, Pierre Clastres ou Alain Testart. Les six chapitres consacrés à l'anthropocène comme *« crise de la nature »* forcent le respect par la synthèse de données venues pour une part de la biologie, de la chimie, de la géologie, de la physique mais aussi des sciences humaines. Il pose ainsi autant de diagnostics difficilement contestables sur le réchauffement du climat, la démographie mondiale, la sixième extinction des espèces, l'anthropisation de la terre et sa contamination, et fait comprendre que nous sommes dans une situation de *« forçage »* du climat qui ne résulte pas comme autrefois *« d'interactions d'éléments externes (Soleil, orbite de la Terre) et internes (dérives des continents, circulation atmosphérique et océanique) ou d'éléments appartenant à la géosphère (surrection des montagnes, éruptions volcaniques), mais bel et bien de l'activité anthropique »*. Nous sommes face à des possibilités de basculement du fonctionnement des écosystèmes terrestres, dans des scénarios d'évolution non linéaire, où *« un changement de faible amplitude, qui s'ajoute à une série de modifications, peut suffire à modifier brusquement et de façon irréversible l'état du système »*.

Pour finir, Michel Magny met en regard l'histoire de l'anthropocène et celle de l'humanité. Il distingue deux moments dans ce basculement. Le premier a lieu avec l'avènement du néolithique. Le second est lié à l'avènement et au développement de la modernité et du capitalisme dont les principaux effets sont un renforcement de la verticalité dans les relations entre les hommes et la nature telles que les institue le cartésianisme.

Son propos relativise ainsi les thèses qui voudraient que l'ère de l'anthropocène soit avant tout celle d'un *« capitalocène »*. La possibilité de ce basculement lui est de fait largement antérieure, comme le démontre le géologue australien Stephen Foley lorsqu'il pointe l'existence d'un *« paléoanthropocène »* qui court du paléolithique supérieur aux premiers moments du néolithique et aux âges du bronze et du fer.

Tout en posant cette nuance de taille, Michel Magny n'en souscrit pas moins aux thèses qui posent un lien organique entre le développement de l'anthropocène et une modernité occidentale caractérisée par le développement du rationalisme technoscientifique, une modernité politique marquée par *« l'hypocrisie d'une philosophie des droits de l'homme faisant l'impasse sur la reconnaissance des droits du citoyen »*, l'émergence d'un capitalisme largement dépendant des échanges inégaux avec le monde colonial puis les pays du Sud, lequel connaît un incontestable redéploiement depuis l'effondrement du monde soviétique et la conversion de la Chine au libéralisme économique.

C'est ici qu'il convient d'introduire quelques correctifs à ces thèses pour mieux cerner les liens que Magny invite à repérer entre des régimes d'historicité, des formes politiques, et des modes de production. Le premier tient à la caractérisation de la modernité ; le deuxième porte sur la nature des régimes politiques qui ont fait leur cette conception du progrès.

Nul doute que toute une partie de l'histoire de l'Occident est marquée par le développement du capitalisme industriel, et que ses critiques ont partagé une même foi en une technique non seulement « neutre », mais positive. Du XIXe au XXIe siècle, la question du socialisme fut non pas de réorienter l'activité productive et de réfléchir sur la notion de besoins, mais d'en reprendre le contrôle au profit de la collectivité. Est-ce pour autant que la démocratie, entendue comme forme politique d'une société, n'aurait eu qu'un rôle second par rapport à l'indéniable emprise sociale du capitalisme ? L'histoire de la modernité politique a été celle de l'avènement de principes démocratico-libéraux. C'est portées par ce contexte politique que sont apparues parfois fort tôt des critiques de notre rapport à la nature et aux techniques, Tiphaigne de la Roche en 1760 et bien sûr, au XIXe siècle, celles de Fourier, Reclus et Kropotkine, puis au XXe siècle, Lewis Mumford, Heidegger, Georges Friedmann, Jacques Ellul, Ivan Illich, Murray Bookchin. Dans les années 1970, les premiers mouvements écologiques se sont nourris de cet imaginaire démocratique et de cette aspiration à questionner l'ordre du monde.

Le troisième correctif qu'il convient d'apporter à cette corrélation entre anthropocène et capitalisme est celle des bouleversements de la scène politique mondiale à partir des années 1920 et de la décolonisation au lendemain de la Seconde Guerre mondiale. Si le moteur de ces usages nouveaux des écosystèmes fut au départ le capitalisme coexistant avec des monarchies parlementaires et des républiques démocratico-libérales, dès 1917 apparaît avec la révolution bolchevique et l'édification du totalitarisme soviétique un autre acteur qui reprend à son compte le même style de rapport à l'écoumène que ceux du capitalisme. Parallèlement surgissent les premiers régimes modernisateurs partisans de révolution par l'État, tant en Turquie qu'en Amérique latine, qui là encore font de même. Les années 1950, moment d'entrée de plain-pied dans l'anthropocène, voient une multiplication des régimes totalitaires communistes, en Europe de l'Est, en Chine et à Cuba, mais aussi de régimes militaires et bureaucratiques dans le tiers-monde, et enfin des monarchies pétrolières islamiques. Le rapport à la planète inventé en Occident va être récupéré par une multitude de régimes souvent hostiles au monde démocratico-libéral et capitaliste. Au cours du XXIe siècle, la Chine, tout autant que les États-Unis, s'est faite la championne du forçage des ressources de la planète.

Si la dernière partie de l'enquête de Michel Magny mérite d'être amendée, son livre n'en est pas moins un jalon décisif pour penser à frais nouveaux la question de l'anthropocène.

Gilles Bataillon

Le marché contre l'humanité

Dominique Bourg

Presses universitaires de France, 2019, 176 p., 12 €

L'universitaire franco-suisse, auteur d'une œuvre largement consacrée à la pensée écologique, avance que nous serions aujourd'hui confrontés à une disparition du pouvoir des États. Ceux-ci, s'évaporant sous l'effet d'un marché globalisé, ne pourraient plus faire obstacle à l'action destructrice de ce dernier sur la planète et les liens sociaux. La souveraineté est devenue problématique.

Cette souveraineté est définie comme *« la source de la mise en forme de l'existence des individus d'une société par la loi »*. Elle peut être explicite, renvoyant à une instance particulière comme l'État ou l'Église, ou implicite, exercée par la société elle-même sans médiation institutionnelle, *via* des règles tacites. En Europe, de la réforme grégorienne du XIe siècle au traité de Westphalie en 1648, Église et États se sont partagé le pouvoir. Mais, à partir du XVIIe siècle, les États reprennent la main, imposent les religions, structurent territoires et marchés : la souveraineté devient unique. Pour l'auteur, nous pourrions revenir aujourd'hui à un partage de souveraineté, cette fois entre des États et un marché globalisé. Comme l'Église, ce marché dispose d'un territoire transnational et prend appui sur une doctrine. Mais, à la différence de l'Église qui se trouvait dans une position de combat avec l'État, le marché en serait un allié. Il pactiserait avec les élites politiques qui *« s'emploient à réduire les marges d'action de l'État »*. Or ce dernier serait la seule instance à pouvoir contenir la violence économique.

Dominique Bourg constate la suspicion qui pèse sur l'idée de progrès, récit occidental *« du parcours de l'humanité empruntant la voie de nécessité des techniques et de l'industrie en vue d'atteindre une fin ultime et radieuse »*. L'humanité n'a en fait connu que des progrès partiels, concomitants à des *« régrès »*. Ainsi la révolution néolithique ne doit-elle pas être vue seulement comme une avancée de la civilisation, mais aussi comme *« une première manifestation de décrochage vis-à-vis du milieu »*, qui se paie d'un appauvrissement culturel. La situation que nous connaissons pourrait être du même ordre. L'emballement des avancées techniques dopé par le marché, outre qu'il nous amène à transgresser les limites de la planète et à hypothéquer son habitabilité, risque de nous diminuer. Car les savoir-faire humains sont désormais remplacés et non plus renforcés. Nous risquons de *« nous engager dans une voie débouchant sur la restriction du spectre d'expériences de l'immense majorité de l'humanité »*. De plus, la technologie utilisée sur les hommes pourrait provoquer entre eux des différences qui ne seraient plus sociales ou morphologiques, mais biologiques, un *« éclatement de l'unité de l'espèce et du genre humains »*.

L'auteur défend la nécessité d'en rabattre quant à nos prétentions économiques – *« accepter de déchoir d'une certaine souveraineté économique »* – et celle de réduire les inégalités. En effet, outre que les inégalités de fortune mettent en danger l'égalité démocratique, elles risquent d'alimenter la destruction de la planète. Pour agir, il faut redonner de l'autonomie au politique. Il s'agit de réaffirmer et de concrétiser la conception hégélienne d'un État au-dessus de la mêlée socio-économique. Il s'agit aussi de dépasser la distinction gauche/droite, qui n'est plus pertinente au regard de l'enjeu environnemental, et d'utiliser plutôt le clivage de Delphine Batho entre « terriens » et « destructeurs ».

Ce livre apporte des éléments de réflexion stimulants, mais il suscite aussi des questions. Ainsi, on peut se demander s'il n'aurait pas été fécond de faire la distinction entre l'économie de marché, qui existe depuis des millénaires, et le capitalisme, plus récent et sans doute plus nocif. Quand bien même on n'accepterait pas cette distinction, le fait est qu'il existe des marchés avec des acteurs, des pratiques et des espaces différents : les firmes multinationales manipulant les coûts de transfert font des dégâts sans commune mesure avec le paysan boulanger qui vend en circuit court. Enfin, l'auteur semble mettre sur un même pied marché et État. Or l'État peut légiférer, à la différence d'une entreprise. Et on sait identifier un État, reconnu par l'Onu, avec une personnalité juridique et qui peut être attaqué en justice ; ce n'est pas le cas du marché, processus impossible à assigner.

L'affirmation centrale de l'impuissance de l'État est discutable. Certes, les États ont du mal à lever l'impôt sur les Gafa. Mais cela n'empêche aucun d'entre eux d'agir, comme en témoignent l'efficacité variable de divers systèmes scolaires, les différents taux de chômage ou de pauvreté, l'envol de certaines villes quand d'autres s'enfoncent. Utilisant 40 à 50 % de leur produit intérieur brut en dépenses publiques, les États solides forgent largement nos cadres de vie et continueront sans doute à le faire à moyen terme, de manière positive et efficace ou non.

Dominique Bourg écrit que *« le marché est le lieu d'une mise à mort économique, avec ses cohortes d'acteurs ruinés, dévalorisés, condamnés au chômage et à l'inutilité sociale »*. Cette formulation sans nuance éclaire-t-elle la dimension économique dans l'amélioration des conditions de vie dans le monde ? Ce manichéisme ne nous prive-t-il pas d'une réflexion sur les acteurs et les leviers d'une transformation sociale ? Ainsi la société civile, à peine évoquée, est-elle constituée d'une multitude de projets concrets, de structures et de volontaires qui obtiennent des résultats, y compris dans le domaine de l'environnement.

Nous voiler la face sur le péril que nous courons nous endormirait. Mais dénoncer une prétendue impuissance face à un marché tout puissant, n'est-ce pas nous aveugler ? Avec ce petit opus, Dominique Bourg bouscule sans toujours convaincre.

Joël Van Cauter

À l'épreuve de la violence. Beauvau 2014-2015

Bernard Cazeneuve

Stock, 2019, 220 p., 20,90 €

Bernard Cazeneuve relate ses dix-huit premiers mois passés à la tête du ministère de l'Intérieur (avril 2014-décembre 2015), dans un contexte marqué par trois phénomènes : le terrorisme islamiste, une montée générale de la violence, visible notamment dans les manifestations, et le changement d'échelle de la crise migratoire.

Si l'auteur consacre des pages intéressantes et émouvantes aux migrants de Calais ou au drame de Sivens, c'est bien le terrorisme djihadiste qui tisse le fil tragique de ce livre aux teintes sombres. Ainsi, le 13 novembre 2015, le ministre semble croiser dans la nuit la figure implacable du destin : *« Dans ce chaos que je découvrais à proximité du Bataclan, une heure après l'ultime assaut, je croisai une jeune femme dont les épaules étaient entourées d'une couverture de survie, pour la protéger du froid mordant qui était arrivé avec la violence des attaques et dont le regard bleu, devenu hagard, contenait la faible lueur d'une joie éteinte, présente comme un souvenir lointain et contrastant avec un visage maculé de traces de sang. »* Ces attentats sont l'épouvantable acmé d'une succession ininterrompue depuis la fuite hors du territoire français de la sœur de Mohammed Merah en mai 2014. Le gouvernement ne sera pas parvenu à en enrayer l'enchaînement, malgré de nombreuses initiatives que Bernard Cazeneuve décrit précisément : les lois antiterroriste (été 2014) et sur le renseignement (printemps 2015) ; les discussions entre ministres de l'Intérieur européens sur les échanges d'informations relatifs à la circulation des personnes au sein de l'Union ou le partenariat noué à Palo Alto avec les grands hébergeurs d'Internet pour prévenir la cybercriminalité ; enfin, le développement du système d'information du ministère, la création d'un centre de formation pour la gendarmerie et le renouvellement de l'équipement de la brigade anticriminalité…

L'aspect tragique du récit est conforté par la distance physique relative qui sépare toujours Bernard Cazeneuve des événements. Les cadavres de *Charlie Hebdo* ou du Bataclan ne sont pas évoqués, soit par pudeur de l'auteur, soit qu'il ne les a pas vus. Le téléphone portable joue un rôle de médiation singulier, pour être informé des événements et pour transmettre ses consignes. Le ministre évoque ainsi ses échanges téléphoniques avec le préfet de police de Paris Bernard Boucault, lors de l'assaut du magasin Hyper Cacher, et avec le directeur de la gendarmerie nationale, le général Favier, lors de celui de l'imprimerie de Dammartin-en-Goële où se sont enfermés les frères Kouachi. Dans la conversation, les paroles le disputent au silence et aux détonations, le contact à la solitude, l'attente, teintée d'impuissance, à l'action. C'est aussi par un coup de fil de son ami l'ambassadeur de France, François Zimeray, que le ministre apprend *« en direct »* la fusillade à l'arme automatique lors d'un colloque consacré, en février 2015 à Copenhague, aux rapports entre l'art, le blasphème et la liberté d'expression. La scène se rejoue une dernière fois avec le préfet de police de Paris au début des fusillades du 13 novembre : *« La sonnerie retentit deux fois encore, comme un glas qui prévient de la mort un soir de guerre. La voix de mon interlocuteur est désormais couverte par le tintamarre des sirènes. Il me semble lointain, comme si une inéluctable tragédie s'apprêtait à le happer, en le soustrayant à nos échanges. Soudain je repense au cauchemar qui m'a souvent réveillé des années durant, qui me faisait céder à la panique lorsque la voix de ceux avec lesquels je conversais par téléphone s'étiolait peu à peu, jusqu'à disparaître en un souffle à peine audible, comme si la mort les avait emportés.* » Le choc répétitif de l'horreur est tel que réalité et imaginaire mêlent leurs eaux troubles.

La relation entre la charge publique et l'expression des sentiments personnels est d'ailleurs un questionnement continu du livre. Le ministre donne la priorité à la vérité sur l'empathie et prône une communication factuelle, hostile à toute instrumentalisation politique telle que la pratiquent certains de ses collègues du gouvernement. Mais, au fil des mois, *« la tristesse ne le quitte plus »* et, à l'occasion des obsèques à Fontaines-sur-Saône de l'entrepreneur Hervé Cornara, décapité par l'un de ses salariés radicalisés, Bernard Cazeneuve ne peut retenir ses larmes.

Le positionnement du ministre vis-à-vis des hauts fonctionnaires qui le servent est un autre enjeu de son récit. Conjuguer respect, protection à l'égard de la presse et exigence est sa ligne de conduite, notamment sur la coopération et la transversalité face aux tentations ancestrales de la guerre des polices. La scène de *« la salle du fumoir »*, située non loin du bureau du ministre, où sont réunis les principaux responsables de la police, de la gendarmerie, du renseignement et du parquet après l'attentat de *Charlie Hebdo*, l'illustre de manière frappante. Alors que la poursuite des frères Kouachi est engagée, le ministre réalise, en regardant une chaîne d'information continue, que le Raid se déploie dans les rues de Reims sans que l'autorité préfectorale ait été avertie et sans que la sécurité des citoyens ait été préalablement assurée. Il distille alors une colère froide : *« Dans le contexte, nul n'attend la réalisation de prouesses policières, au terme d'une classique rivalité entre les services, mais simplement la capacité de l'État à protéger ses citoyens par la mobilisation totale de l'ensemble des moyens dont le ministère de l'Intérieur dispose. »*

Jérôme Giudicelli

Le christianisme n'existe pas encore

Dominique Collin

Salvator, 2019, 192 p., 18 €

Beaucoup cherchent à comprendre ce que l'on appelle désormais « exculturation » du christianisme, le fait brutal de son inexistence, sauf comme patrimoine, pour des peuples qui s'en sont d'un coup éloignés. Il y a peu, le progrès et la foi dans le progrès étaient le principal défi pour un christianisme habitué aux rôles d'amortisseur et de consolateur face à la pauvreté. Désormais, dans une configuration « post-progressiste », le cours des choses s'imposant comme mécaniquement, un christianisme qu'on peut dire en apesanteur, renvoyé à lui-même, sans prises, faute d'un mouvement d'idées sociales ambiant, n'a pas à se positionner mais plus profondément à s'interroger sur lui-même, comme entreprend de le faire Dominique Collin, non sans audace puisque, dès la couverture, son livre pose la question de l'existence du christianisme.

De manière classique, c'est la situation historique du christianisme qui servait de point de départ à une telle réflexion, sur les conditions permettant la continuité et la transmission d'une culture chrétienne. Dominique Collin radicalise la réflexion en ébranlant l'idée même de transmission, dont il conteste le principe : il lui oppose un christianisme ou plutôt une *« christianité »* d'expérience. Le christianisme (il n'aime pas le suffixe) est, insiste-t-il, une institution à quoi on adhère, alors que la « christianité » est relation, dynamique, mouvement ; on y participe par un déplacement, un mouvement personnel et actuel. Ce mouvement ne dépend pas de l'information reçue sur la vie d'un personnage *« dont on ne sait pas grand-chose »*, mais du fait d'être atteint par l'événement christique, par une parole « évangélique » dont le héros éponyme semble être l'origine. Un événement se produit, actuellement, en chacun, qui relève non pas de l'entrée dans un modèle ou un programme (à quoi correspond l'idée de conversion), mais de l'accueil d'une promesse à laquelle il faut croire pour qu'elle commence d'être interprétée et remplie.

L'articulation décisive est entre le mouvement de la foi et l'existence. Encore faut-il saisir qu'entre les deux le rapport n'est pas de succession, l'un complétant l'autre, mais une interférence vitale. Sans la foi, l'existence est un sommeil, mais la foi n'existe qu'active : elle *« s'éprouve de faire passer à une nouvelle manière d'exister »*. Par rapport à cette saisie de et par l'existence, par rapport à ce principe actif, le christianisme institué fait figure de retombée décevante. C'est une stérilisation sous une forme dogmatique ou morale. La dogmatique dénature le vital, le relationnel, en produisant des formules abstraites que l'on doit croire ou sembler croire. Quant au corpus des « valeurs chrétiennes », l'auteur le qualifie plus d'une fois de *« bondieuserie »*. La bondieuserie est, dit-il, un narcissisme dissimulé, elle mime le désintéressement en évoquant des valeurs reconnues, mais sur un mode noble et avantageux pour elle-même. Installé dans le christianisme bourgeois, on peut dire du bien de soi en ne parlant pas de soi, à travers des paroles convenues appartenant à son patrimoine spirituel.

Refusant complaisances et consolations, résolu à ne pas séparer la foi et la pleine responsabilité, Dominique Collin limite la portée de la promesse chrétienne à la transformation, à l'intensification de l'existence d'ici-bas. Le *« salut de la vie »*, dit-il, renvoyant sans précision à saint Jacques, c'est *« d'exister définitivement, une fois pour toutes, ici et maintenant »*. Cette sorte d'épuration tend à un christianisme où Dieu reste lointain, sans l'Incarnation, sans l'implication divine dans l'histoire. Faut-il vraiment procéder à une telle liquidation pour répondre à la crise actuelle de la transmission chrétienne ?

La polémique de Collin contre le christianisme établi s'appuie souvent sur des citations, non référencées, d'auteurs reconnus : Maurice Bellet, Michel de Certeau, Alain Badiou, Daniel Sibony, Paul Evdokimov… et surtout sur Kierkegaard, utilisé sans égard au luthéranisme institué dans le cadre duquel il écrit. Cette convocation d'autorités diverses, invoquées sans être jamais discutées, illustre un travers rhétorique qui nuit à cette réflexion. C'est sans doute parce qu'il est conscient d'un risque de dérapage que Dominique Collin, à plusieurs reprises, d'une manière qui surprend le lecteur, limite la portée de l'opposition, qui trame son livre, entre l'appartenance et l'expérience, concédant qu'on peut, qu'on doit, s'appuyer sur la tradition instituée pour rejoindre le christianisme d'expérience.

Ce flottement ne paraît pas séparable du défaut structurel d'une réflexion qui vise à « rendre possible » à nouveau le christianisme en le saisissant dès son principe, avant les élaborations intellectuelles et institutionnelles qui lui ont donné corps. Ce saut par-dessus l'histoire correspond à un parti pris contemporain, légitime, de fidélité au présent, sans égard aux consolations et aux évasions traditionnelles, mais il est inséparable d'oublis qui laissent seule la subjectivité croyante. Ainsi le Jésus des récits évangéliques se fait discret. Le « ta foi t'a sauvé » des Synoptiques n'est pas, dans le commentaire donné ici, la reconnaissance d'une confiance totale et *a priori* accordée au thaumaturge. Cette formule semble plutôt reconnaître un mouvement propre du malade hors de ses ornières, se libérant de ses démons ou de ses entraves. La foi dont il s'agit se passe de référent : elle semble une manière de se pro-mouvoir soi-même. Consécration de la foi sans référent : l'auteur extrait de l'Épître aux Romains l'improbable formule de *« la foi dans la foi »*, qui exprime sa pensée et non de celle de Paul. Dés-objectivée, la figure du Christ est le support d'une Parole dont on ne sait pas d'où elle procède. *« En somme, pour la foi des "christiens", l'existence de l'homme rendue possible par la Parole devient l'essentiel. »* Ce dont il s'agit alors, c'est d'une promotion et d'une activation de l'existence humaine individuelle sortant d'elle-même. Si cette sortie de soi doit se référer à un extérieur, cet extérieur se dissout peut-être dans sa fonction : *« Cet Autre hors de l'homme* […] *au point qu'il fait figure d'appel inconditionnel à la liberté, on peut l'appeler Dieu* […] *Dieu est un nom pour dire la parole qui invite l'homme à exister par la foi. »*

D'une gravité plus immédiate sans doute que ces incertitudes métaphysiques, dont on peut imaginer qu'elles soient levées, est le fait d'écarter toute vraie réflexion sur le déroulement de l'aventure chrétienne. Impossible d'oublier les variantes et les avatars d'un parcours millénaire si l'on veut comprendre l'impulsion dont il procède, si l'on veut comprendre aussi ce dont il est inséparable : l'aventure occidentale.

On peut être stimulé par l'entreprise de décapage de Dominique Collin, mais sa limite est néanmoins flagrante. Un christianisme désincarné laisse perplexe et démuni devant la crise politico-religieuse du XXIe siècle. L'indifférence dont il est désormais l'objet, le christianisme ne peut y faire face en considérant seulement les formes et les idées qu'il s'est incorporées, sans assumer son histoire. D'autant plus que cette histoire interfère depuis des siècles avec celle de légitimités politiques désormais en crise elles aussi.

Paul Thibaud

Nos vies en séries. Philosophie et morale d'une culture populaire

Sandra Laugier

Flammarion, 2019, 392 p., 21 €

Les séries télévisées ont connu, et connaissent encore aujourd'hui, un âge d'or. Défendues par les critiques spécialisés, on les étudie de plus en plus à l'université, et ce même en France. L'ouvrage de Sandra Laugier, *Nos vies en séries*, joue néanmoins un rôle crucial dans la légitimation de ces œuvres audiovisuelles. En effet, si cette autrice n'est pas spécialiste des séries télévisées, son audace et sa curiosité de philosophe la poussent à adapter les thèses de Stanley Cavell aux séries avec beaucoup de limpidité et de pédagogie ; proposant ainsi une véritable philosophie des séries, *« au sens de la philosophie qu'elles nous offrent et produisent, et qui n'a pas besoin de LA philosophie pour se faire »*.

Et c'est l'un des premiers points marquants de *Nos vies en séries* : Sandra Laugier fait le choix de prendre la série non plus comme un moyen de faire de la philosophie, mais bien comme un *« médium philosophique »*. Les séries sont effectivement, encore aujourd'hui, utilisées à des fins qui ne leur sont pas propres. On se sert des séries pour poser ou répondre à des questions dans de nombreux domaines (en sociologie, en histoire, dans les *gender studies*…), et si Laugier reconnaît l'importance et la pertinence de ces études, son ambition est ici tout autre. Elle va démontrer que les séries sont des œuvres (philosophiques) à part entière, des *« expériences, des visions du monde qui tiennent par elles-mêmes au même titre que la philosophie »*.

En se débarrassant de l'idée conservatrice et élitiste d'une culture de masse produite par le capitalisme et donc sans valeur, l'autrice parvient à montrer l'enjeu démocratique qui travaille notre rapport à ces œuvres audiovisuelles. L'intérêt des séries réside en effet dans la formation morale qu'elles permettent, plus que dans le prétendu pouvoir de contrôle des masses qui leur est imputé. Avec la multiplication des plateformes de diffusion à laquelle on assiste aujourd'hui, de plus en plus de séries sont produites, et personne ne peut suivre cette cadence folle. Il faut donc choisir, et c'est dans ce choix que se trouvent, selon Sandra Laugier, l'individualité et la possibilité d'une éducation morale, car *« chacun est capable de construire son propre rapport à cette masse et de s'inventer, en faisant un choix dans ce qui lui est proposé »*, sans avoir besoin d'un quelconque savoir ou diplôme. À l'encontre de la mise en garde simpliste contre l'aliénation et la servilité des spectateurs de série, la philosophe défend l'idée beaucoup plus intéressante et féconde que chaque spectateur maîtrise ses goûts et ses envies, et que les séries contribuent ainsi à rendre meilleur. En prenant au sérieux *« la capacité morale du spectateur »*, les séries deviennent, plus que de simples révélateurs d'un état moral du monde, des instruments d'éducation (elles font prendre conscience des risques climatiques, donnent à voir une grande diversité de genres, de races et de sexualités, elles dispensent une formation politique en partageant un système de valeurs communes).

L'expérience des spectateurs est de ce fait traitée avec beaucoup de justesse et sans jugement, l'autrice se disant elle-même *« fan de séries »*. C'est cette humilité qui lui permet de comprendre et de saisir la singularité de l'expérience à l'aide d'outils conceptuels comme le *care*. Elle traite par exemple, sans aucune condescendance, de l'attachement très fort des spectateurs aux personnages de séries, et du profond désarroi que l'on peut ressentir face à leur perte, *« parce que nous sommes concernés par ce qui leur arrive, même si ce n'est pas notre vie. Ou plutôt : parce que c'est notre vie. Notre vie en séries.* […] *Pour être ainsi transformé et affecté dans ces interactions, il faut aussi en être acteur. Les séries télévisées et leur morale sont ainsi le nouveau lieu de l'agentivité des regardeurs ».*

Cette confiance accordée au libre arbitre, cette croyance en un art démocratique et en la possibilité d'un perfectionnement moral par la série s'accompagnent d'une posture auctoriale elle-même démocratique. Le livre est écrit dans une langue limpide et très accessible : sans être simpliste, S. Laugier parvient à « vulgariser », ou du moins à transmettre des idées complexes (le perfectionnisme moral, l'éthique du *care*, le scepticisme, la pensée de Cavell, l'*empowerment*…) avec une grande pédagogie et sans jargon. L'humilité, la volonté de ne pas se positionner dans une posture de supériorité face à son lectorat et le réel plaisir de la transmission que l'on ressent à la lecture de *Nos vies en séries* en font un outil de perfectionnement moral démocratique précieux.

Le « Préambule cavellien », qui constitue la première partie de l'ouvrage, permet à S. Laugier d'expliciter ses partis pris, sa manière de travailler et d'analyser les séries, pour ensuite élargir son horizon et aborder beaucoup d'autres sujets et d'autres œuvres dans la seconde partie de son livre. Elle y regroupe en effet, par thèmes, ses chroniques et critiques de *Libération*, écrites entre 2013 et 2019. Ses critiques abordent des sujets aussi hétéroclites que le perfectionnisme et la parité, Donald Trump et le masculinisme, les fictions politiques et le droit à l'avortement, Homer Simpson et la théorie du genre, la manif pour tous et la rébellion, la blanchité des Oscars et l'intersectionnalité ; Kimberlé Crenshaw, *Charlie Hebdo*, Manuel Valls, Regina King, John Snow, Wonder Woman, Melissa McCarthy, Steven Spielberg… La pluralité et la richesse de ces thématiques ancrent cette seconde partie du livre dans une contemporanéité précieuse, et font de cet ouvrage une cartographie, un instantané (de plus de cinq ans) des grandes questions philosophiques, sociales, éthiques et politiques qui ont traversé la France et le monde ces dernières années. Le tout en abordant une centaine de séries et de films différents (de *Buffy contre les vampires* à *120 battements par minute*, en passant par *The Leftovers*, *Vice Versa*, *American Crime*, *The Handmaid's Tale*, *Twin Peaks*…), rappelant ainsi la diversité et la richesse de la création sérielle.

Ce qui marque *in fine* dans cet ouvrage, c'est l'espoir et la foi de l'autrice en l'intelligence des spectateurs et en leur perfectionnement moral, sa foi en un pouvoir démocratique et anticapitaliste des séries télévisées. Une foi qui lui permet de faire des séries des *« armes de choix pour les combats à venir et dans la création de valeurs alternatives largement partagées ».*

Jonas Fontaine

Des républicains ou le roman vrai des Raspail

Ludovic Frobert

Libel, 2019, 288 p., 22 €

La maison d'édition lyonnaise Libel publie le nouvel ouvrage de Ludovic Frobert, historien de l'économie qui est aussi l'un des spécialistes du socialisme français du XIXe siècle et le grand connaisseur de l'histoire des canuts lyonnais[1]. Il faut d'emblée souligner la qualité formelle de ce travail éditorial, dont le texte est agrémenté d'un certain nombre d'illustrations tirées des gravures diffusées dans les journaux du temps (le XIXe est le siècle de la presse illustrée). Ces illustrations ne sont pas que décoratives : elles renforcent le récit en éclairant le contexte des événements qui sont évoqués dans les différents chapitres, en rendant compte par exemple de l'effervescence des réunions publiques à la fin du Second Empire ou de l'envahissement de l'Assemblée par le peuple le 4 septembre 1870[2].

Cet ouvrage s'inscrit dans la continuité des objets de recherche de L. Frobert, mais il constitue incontestablement un défi. S'il n'est en effet jamais facile pour un chercheur d'arpenter les chemins d'autres disciplines que la sienne (on lui fera payer les *« droits de douane épistémologiques »*, selon l'expression d'Érik Neveu), L. Frobert délaisse le domaine de la science historique pour proposer ce *« roman vrai »* des Raspail. À travers le parcours de cette famille de la gauche radicale, l'ouvrage ambitionne en effet de sensibiliser un public plus vaste que celui des spécialistes des idées politiques. Les membres de ce clan soudé autour de son chef François-Vincent Raspail (1794-1878) ont bel et bien existé, de même que les événements historiques dans lesquels ce récit les fait revivre. De sorte que si l'historien délaisse apparemment la science pour la fiction, la part d'invention s'inscrit toutefois dans les certitudes de sources que le spécialiste maîtrise parfaitement, et dont il expose la teneur et l'utilisation qu'il en a faite au service de sa narration dans un intéressant petit vade-mecum conclusif (qui vise sans doute aussi à rassurer les historiens professionnels que cette entreprise de vulgarisation fictionnelle pourra déranger). Dans la même logique, un glossaire présente de manière très synthétique un certain nombre des acteurs, des termes ou des institutions

1 - Ludovic Frobert, *Les Canuts ou la démocratie turbulente. Lyon, 1831-1834* [2009], 2e éd., Lyon, Libel, 2017.

2 - Ce choix esthétique, ainsi d'ailleurs que le ton de la narration, feront écho à une autre très belle réalisation, un roman graphique sur une période contemporaine de celle de cet ouvrage : Raphaël Meyssan, *Les Damnés de la Commune*, Paris, Delcourt, 3 vol., 2017, 2019.

qui servent de cadre au récit. Celui-ci se déploie dans une série de courts chapitres, articulés selon une chronologie concentrique. S'il commence et se termine sous la IIIe République (entre 1876 et 1899), il remonte le temps pour se concentrer surtout sur l'activité du clan Raspail dans les derniers mois du Second Empire (du 19 février 1869 au 4 septembre 1870) ; cette période n'étant elle-même que l'aboutissement du combat mené par le chef du clan depuis son opposition à Charles X sous la Restauration, qui le mènera de la prison (d'où il sera candidat à la première élection présidentielle de 1848) au corps législatif (où il est finalement élu en 1869). Au fil des épisodes et des chapitres, alors que les régimes du XIXe siècle se succèdent, le combat politique et l'activité scientifique de Raspail, pour qui la science était mise au service du progrès social, s'articulent comme un tout. À travers les rapports compliqués que François-Vincent entretient avec la gauche républicaine à la Chambre de 1869, la vie des institutions est en outre très bien restituée, tant dans le jeu de la représentation (vérification des pouvoirs, interpellation, prorogation) que dans les stratégies des partis.

Mais ce *« roman vrai des Raspail »* prend surtout la forme d'une autobiographie familiale narrée par Benjamin, l'aîné des fils, élu député en 1849. Si le père est connu comme l'un des représentants du socialisme radical, on ignorait tout de la petite communauté très active qu'il composait avec ses enfants, quatre frères et une sœur, tous soudés dans leur soutien indéfectible aux combats du père et à la diffusion de son œuvre scientifique et politique. Le récit fait une part à la personnalité de chacun, la narration de Benjamin étant entrecoupée d'interventions des autres membres de la famille. On y suit en particulier l'évocation des séances de spiritisme de Marie et de ses belles-sœurs, qui permettent d'invoquer les mânes de la mère Adélaïde. Ces parenthèses fictionnelles, qui font revivre une pratique importante de la seconde moitié du XIXe siècle (la vogue est alors aux tables tournantes et parlantes), permettent aux femmes de prendre la parole dans ce récit… et à L. Frobert de rappeler que celles qui sont souvent les oubliées de l'histoire jouent un rôle décisif dans cette famille.

On pourra trouver que ce récit fait peu de cas des autres socialistes, puisque c'est uniquement à travers les idées de François-Vincent et des siens que sont restituées la plupart des propositions socialistes du temps. Mais le genre même de l'autobiographie familiale justifie cette focale. Si c'est autour et à partir des Raspail que se déploie la narration, les aventures du clan sont en outre l'occasion de rappeler ce qui fait le quotidien des socialistes : les réunions et les clubs, la presse, la surveillance de la police et la prison (où l'on rencontre le peuple et où l'on trouve finalement le temps de travailler), et même les enterrements républicains. Autant de lieux de cette sociabilité contestataire où les idées se forment et circulent. Comme d'autres socialistes contemporains, Raspail est un graphomane qui mobilise tous les supports pour la diffusion de ses idées ; les stratégies de diffusion de celles-ci, développées au sein de l'entreprise familiale, éclairent d'ailleurs sur l'intensité des correspondances et le rôle majeur de l'imprimerie et de la presse. On ajoutera que les autres penseurs socialistes ne sont finalement pas complètement absents du récit : quand ils n'apparaissent pas directement (ainsi des critiques de Marx contre ceux qui préfèrent le compromis à l'antagonisme de la lutte des classes), on en devine les idées dans les discussions suscitées par les propositions de Raspail. Tout au plus dira-t-on que dans l'osmose de cette famille, le récit minore les tensions entre générations, qui sont pourtant très vives dans les rangs socialistes de la seconde moitié du XIXe siècle, où l'on reproche aux quarante-huitards de ressasser la défaite.

Le combat pour le suffrage universel permet enfin à L. Frobert des considérations qui, l'air de rien, sont d'une brûlante actualité. Ainsi dans cet article du *Réformateur* où Raspail explique que la République est certes à la Chambre (la représentation nationale) mais aussi au-delà : *« La République, c'est la discussion franche entre semblables, partout, la délibération au quotidien, directe, sur les différends qui peuvent éloigner mais non séparer, la conciliation telle qu'elle ne peut se développer, d'abord, que dans la commune. »* En ces temps de désillusion démocratique, il n'est pas inutile de se replonger dans les pensées de ces socialistes, et l'on est convaincu, en refermant ce roman vrai, des vertus didactiques de l'histoire fictionnelle pour sensibiliser à ce que furent ces *« temps d'espoir »* où les socialistes inventaient l'avenir[3].

Anne-Sophie Chambost

3 - Voir Thomas Bouchet, Vincent Bourdeau, Edward Castleton, Ludovic Frobert, François Jarrige (sous la dir. de), *Quand les socialistes inventaient l'avenir. Presse, théories et expériences, 1825-1860*, Paris, La Découverte, 2015.

Tant qu'il y aura des cèdres
Pierre Jarawan
Trad. de l'allemand par Paul Wider
Éditions Héloïse d'Ormesson, 2020, 496 p., 23 €

Dans ce premier roman, Pierre Jarawan, né à Amman d'un père libanais et d'une mère allemande, mais habitant en Allemagne depuis sa petite enfance, inscrit les événements politiques qui ont marqué l'histoire du Liban dans le vécu intime d'une famille qui n'est pas sans rappeler la sienne. Mais au-delà de ce dialogue, sur trois décennies, entre affrontements nationaux et déchirements personnels, l'auteur, en un langage qui mêle descriptions factuelles, intermèdes poétiques et passages violents, joue sur la magie du mystère pour raconter le poids de ces secrets qui pétrifient, la pérennité des blessures d'enfance, le sens de la transmission, le degré d'intégration ou d'assimilation des réfugiés, le communautarisme ou encore l'octroi généreux du pardon.

Alternant entre le moment où les épisodes sont rapportés et celui où ils sont vécus, le récit du narrateur, Samir, s'articule autour de quelques dates clefs : au printemps 1983, les chrétiens Rana et Brahim el-Hourani, avec leur ami musulman Hakim et sa fille Yasmin, s'enfuient de Beyrouth en flammes et se réfugient en Allemagne ; en 1992, au moment où Samir fête ses 8 ans, son père, Brahim, disparaît sans laisser de traces ; en 2005, Samir, muni d'une photo où son père pose à côté de Bachir Gemayel et du journal de bord qu'il avait tenu, entreprend un voyage au Liban dans l'espoir de le retrouver ou, tout du moins, de comprendre les raisons et les conditions de son absence.

Dans le cœur et la conscience de Samir, la fidélité au Liban et l'amour du père finissent par se confondre dans une même exigence de vérité. À ce vide laissé par Brahim, le conteur d'histoire – *The Storyteller*, selon le titre de la traduction anglaise –, à cette béance affective qui paralyse Samir, incapable de dépasser la perte et impuissant à se construire, répond l'image d'un pays vacillant, aux équilibres précaires, en proie aux attentats, meurtres, alliances éphémères, invasions. Le cèdre, symbole du Liban, et le père ne font plus qu'un : cette double allégeance, avec sa part d'inavoué, donne toute sa puissance à une narration touffue, qui se déroule comme un écheveau ininterrompu d'histoires plurielles à clefs évidentes ou trompeuses.

Dans ce va-et-vient narratif entre l'Allemagne et le Liban, un décalage est induit entre ce qui est exprimé par le narrateur, ce qu'il signifie vraiment et ce à quoi il renvoie. Que Samir évoque son père dans le camp de réfugiés, inventant des contes pour des enfants et des adultes émerveillés par son talent, qu'il décrive son exploration avec Yasmin des appartements abandonnés et des caves du Hlm où les deux familles ont habité après l'obtention du droit d'asile en Allemagne, qu'il montre les efforts nécessaires pour capter les chaînes arabes dans leur nouveau logement plus spacieux au centre-ville et la fête entre voisins pour fêter l'événement, qu'il précise le sujet de travail de Yasmin sur la vision du monde de réfugiés appartenant à différentes communautés, Samir parle du parcours délicat des exilés, des enjeux auxquels sont confrontés leurs descendants.

L'évocation sous forme de reportage, comme dans un présent différé, des événements principaux qui ont marqué la vie politique libanaise, les noms qui surgissent au fil des pages – Gemayel, Hariri –, les lieux décrits – Zahlé, Raouché, Brih, la montagne du Chouf, Sabra, Chatila, Horch Beyrouth – laissent deviner les choix, aménagements, compromissions, voire trahisons, dictés par une volonté de survie et les drames humains qui en découlent pour tous, acteurs, victimes ou témoins : l'incertitude perdure.

C'est parce que le Liban finit par exister concrètement au regard de Samir qui y affronte la violence, le danger, les menaces, mais qui découvre aussi de nouvelles sources d'amitié et de confiance, que toutes les facettes du conflit intime et national peuvent s'apaiser. Le roman, qui s'apparente à un film policier avec le secret comme corollaire, peut alors connaître son dénouement. Ce qui était marqué du sceau du mystère, depuis la dimension cachée des histoires que Brahim racontait à Samir – les aventures d'Abou Youssef et d'Amir, son dromadaire doué de parole, d'Ishak le bouvier et de son rhinocéros imbattable aux cartes – jusqu'à la vraie raison de sa fuite en Allemagne et de sa disparition en passant par son travail à l'hôtel Carlton à Beyrouth, l'argent prétendument envoyé à la grand-mère malade ou les conditions de la mort de la mère de Yasmin, fait désormais sens. Ce qui empêchait Samir de se construire, d'assumer sa filiation tronquée et de se situer librement dans son appartenance au Liban se dissipe.

À des images de ruptures, de doutes, de renoncements, d'obsessions, à des actions de repli, d'abandon, d'enfermement, se substituent des rêves d'engagement, de réalisation de soi, de découvertes, de bonheur possible. L'espoir peut renaître pour le Liban : *« S'il mène à bien son projet, il changera ce pays. »* Mais aussi pour Samir : *« Peu importe quand tu reviendras. Ce qui compte, c'est comment. »* Il y aura toujours des cèdres.

Sylvie Bressler

Brèves

Le censeur critique littéraire. Les jugements de l'Index, du romanisme au naturalisme

Jean-Baptiste Amadieu

Hermann, 2019, 610 p., 38 €

Après le concile de Trente, la congrégation de l'Index chargée de faire la liste des livres interdits – l'*Index librorum prohibitorum* – a siégé pendant trois siècles et demi avant d'être intégrée en 1917 dans le Saint-Office (successeur de l'Inquisition), lui-même remplacé en 1965 par la congrégation pour la Doctrine de la foi. En ouvrant en 1998 ses archives, cette dernière a donné aux chercheurs accès à quelques dossiers particulièrement sensibles de l'histoire de l'Église, dont justement celui des livres mis à l'Index. Alors qu'on n'avait auparavant que les titres et l'année du décret de la mise à l'Index, on pouvait désormais consulter à la fois les raisons et le déroulement de la procédure et les motifs de la décision de censure. Ce livre, consacré à la mise à l'Index des œuvres littéraires françaises du XIXᵉ siècle, reprend presque intégralement la thèse de Jean-Baptiste Amadieu, et le lecteur non spécialiste pourra le trouver excessivement analytique dans les commentaires. Mais il pourra y trouver la liste des auteurs et des livres condamnés – presque tous en l'occurrence, de Lamartine à Zola en passant par Hugo (*Notre-Dame de Paris*, en 1834), Balzac, Sand, Dumas père et fils, Sue, Flaubert, Stendhal… Il pourra lire aussi les motifs de l'interdiction (en italien et dans leur traduction française) et les rapports des censeurs classés selon le type de jugement : intellectuel (sur le contenu en matière de foi et de mœurs), esthétique (les mérites littéraires, susceptibles d'accroître la *« malice »* du contenu), d'*« énonciation »* (le lecteur visé par l'œuvre), sans s'abstenir de rappeler aussi les intentions présumées de l'auteur, son prestige et ses mœurs connues publiquement. Selon J.-B. Amadieu, s'il n'y avait pas les critères préalables que doivent observer les rapporteurs désignés et la finalité juridique de leur lecture (en y ajoutant le secret de la délibération), certaines formes de critique littéraire, y compris contemporaines, ne sont pas si éloignées formellement de la critique des censeurs de l'Index, souvent plus fine et plus attentive au texte qu'on ne pourrait le penser *a priori*. L'auteur se cantonne à l'examen interne des motifs de censure, il ne dit pas s'ils évoluent au cours du siècle en fonction de l'histoire générale de l'Église.

Jean-Louis Schlegel

L'Arabie des Saoud. Wahhabisme, violence et corruption

Malise Ruthwen

Trad. par Étienne Dobenesque

La Fabrique, 2019, 336 p., 18 €

De l'Arabie saoudite, souvent au centre de l'actualité internationale pour le pire plus que pour le meilleur, nous savons tous certaines choses : de la puissance financière due au pétrole à la doctrine wahhabite devenue hégémonique dans une partie du monde musulman, de la dynastie tribale et patriarcale et de ses successions obscures au pèlerinage parfois mouvementé de La Mecque, de son interventionnisme politique dans les pays arabes, voire au-delà, à sa capacité de nuisance à l'intérieur et à l'extérieur. Le tout régulièrement complété par la chronique des scandales, comme récemment l'assassinat du journaliste Jamal Khashoggi au consulat saoudien d'Istanbul, les exécutions de masse au sabre, les bombardements intensifs au Yémen… Le grand intérêt de ce livre vient de sa description incroyablement documentée du « système » de domination et de contrôle (politique, social, économique, moral, anthropologique, culturel et religieux) mis en place par le régime saoudite. Les informations de toutes sortes (garanties par près de 400 notes) n'empêchent pas un récit très vivant, qui éclaire aussi le système successoral complexe du lignage royal, les retombées négatives du pèlerinage sur l'environnement urbain et les espaces naturels, les rapports (pas toujours au beau fixe) entre les oulémas wahhabites rigoristes et un pouvoir obligé de faire des concessions à la modernité (femmes autorisées à prendre le volant), sans oublier le sort peu enviable fait aux chiites, dont il est devenu *« impur de serrer la main »*… L'ouvrage s'ouvre sur une longue analyse des raisons du meurtre de Jamal Khashoggi à Istanbul : Ruthwen confirme qu'il était devenu une menace politique dangereuse pour Mohammed ben Salman, le maître du pays dont les naïfs pensaient qu'il était prometteur d'ouverture, y compris aux droits au-dedans et au-dehors.

Jean-Louis Schlegel

Les hommes lents. Résister à la modernité. XVe-XXe siècle

Laurent Vidal

Flammarion, 2020, 306 p., 20 €

Historien, spécialiste du Brésil, Laurent Vidal a étudié l'attente avant d'explorer la lenteur qu'il saisit à travers ceux qui la privilégient, sans toujours savoir qu'ainsi, ils s'opposent à la tyrannie du temps globalisé tout en étant déconsidérés par les partisans de la vitesse. Les *« hommes lents »* sont un *« impensé des travaux sur la fragilité sociale »*, explique l'auteur qui les présente, après avoir rappelé l'étymologie du mot « lent » qui renvoie à ce qui est « mou », « flexible », qui « manque de vivacité », et s'apparente à la paresse, un péché comme chacun le sait. Les Grandes Découvertes de la fin du XVe et du début du XVIe siècle considèrent les « indigènes » comme des « lents » qui se laissent vivre, il faudra donc les contraindre à travailler pour valoriser les plantations des colonisateurs, quitte à les rendre esclaves sur leurs propres terres. Laurent Vidal constate que les « lents » en Occident viennent de la campagne en ville où ils n'ont guère d'ardeur pour travailler : une balade populaire du XVIIe siècle relate les mésaventures des *slow men of London*, des naïfs qui se font avoir et se font moquer. Avec la machine à vapeur, la régularité, la vitesse et l'automatisation représentent « l'âge mécanique » que dénonce Thomas Carlyle, pour qui *« les êtres humains sont devenus mécaniques dans leur tête et dans leur cœur, en même temps que dans leur main »*. Les « indolents », « traînards », « lambins », « négligents » sont pourchassés au nom de l'efficacité, de la productivité et de la rentabilité qui reposent sur le temps discipliné (l'horloge se généralise et le chronomètre attribue à chaque geste un temps type) imposé par la machine-outil que l'ouvrier alimente servilement. La « vitesse », précise L. Vidal, vient de l'ancien français *vistece*, « habileté »… Le productivisme s'efforce de discipliner la main-d'œuvre, aussi bien dans les pays industrialisés que dans leurs colonies, non sans violence, avec une armée de « petits chefs » qui aboient au moindre écart, l'horloge pointeuse et le paiement à la pièce ! Avec les migrants, les *« hommes lents »* sont accompagnés de *« femmes lentes »*, ils forment le contingent d'« inutiles », ballottés d'un continent à un autre, victimes des passeurs qui les exploitent et des gouvernements qui refusent de les accueillir. Qui sont-ils ? Laurent Vidal répond des *« indéfinis »*, à la suite d'Édouard Glissant, et d'ajouter : *« Seule leur indéfinition peut éviter de les figer dans une catégorie trop étroite, afin de préserver l'intensité des possibles qui caractérise leur existence sociale. »* Les *« hommes lents »* ne sont plus des marginaux rejetés par une société du temps plein aux rouages bien huilés ; leur appel à débrayer, à se laisser envahir par la paresse, à cultiver la méditation, le temps pour rien d'autre qu'admirer la beauté du monde se généralise irrésistiblement.

Thierry Paquot

Coïts

Andrea Dworkin

Trad. par Martin Dufresne

Éditions du remue-ménage, 2019, 248 p., 20 €

Andrea Dworkin (1946-2005) est violée à 9 ans dans un cinéma, arrêtée à 20 ans alors qu'elle manifeste contre la guerre au Vietnam, violentée lors de son incarcération par les médecins ; quelques années plus tard, son mari, un anarchiste hollandais la bat, en 1999 à Paris, elle est à nouveau violée dans sa chambre d'hôtel, elle qui n'a cessé de dénoncer les violeurs et de condamner les violences faites aux femmes et de lutter contre la pornographie, qui incite et légitime les hommes à maltraiter les femmes. Son ouvrage de 1987, *Intercourse*, vient enfin d'être traduit en français et l'on est étonné d'un tel délai, alors qu'il est très bien écrit, solidement argumenté et terriblement en phase avec la société sexiste et féminicide ! C'est un essai littéraire, dans le sens où elle présente l'œuvre d'écrivains, en privilégiant la manière dont ils parlent des femmes et de l'hétérosexualité, mais c'est surtout un dossier à charge contre leur misogynie combinée au pouvoir incontesté du mâle. Comme les romans possèdent bien souvent une inspiration autobiographique, elle n'hésite pas à relater certains comportements de ces « grands écrivains » envers leur épouse et plus généralement envers la gent féminine. Aucun d'entre eux n'en sort grandi. La thèse pourrait être résumée ainsi : le corps de la femme, comme un territoire, résulte d'une conquête ; il est pénétré et occupé pour la seule satisfaction masculine sans jamais se soucier de l'éventualité du plaisir ou des sentiments de la femme. Tolstoï, qui notait tout, n'est pas gêné d'avouer baiser sa femme quand il veut, où il veut, et jusqu'à 80 ans. Pas une seule fois il ne se demande ce que sa femme pense de ses treize grossesses et de tout le poids de l'économie domestique et encore moins ce qu'elle attend de leur amour. Ce qui ne l'empêche pas de revendiquer la « libération des femmes », de s'inquiéter du sort des pauvres, de prêcher l'amour du prochain… Diego Rivera peignait des fresques à la gloire du prolétariat révolutionnaire tout en frappant sa femme, Frida Kahlo : *« Quand j'aimais une femme, plus je l'aimais et plus je voulais lui faire de mal »*, avoua-t-il à un ami. *« Le génie de l'objectification comme stratégie de domination*, écrit justement A. Dworkin, *est qu'elle amène la femme à prendre l'initiative dans son avilissement (avoir moins de liberté est avilissant). La femme assume entièrement un genre de responsabilité et s'engage ainsi au maintien de son infériorité : elle police son corps ; elle intériorise les exigences de la classe dominante et, pour être baisée, construit sa vie de façon à répondre à ces exigences. C'est le meilleur système de colonialisme au monde : la femme assume le fardeau, la responsabilité de sa soumission, de son objectivation.* » Elle donne comme exemple l'excision pratiquée par des femmes sur leurs filles… Comment sortir de cette relation de dépendance que les femmes acceptent comme une fatalité ou pire, comme la règle de tout rapport sexuel. *« Si le coït*, conclut-elle, *peut être une expression de l'égalité sexuelle, il devra survivre à la destruction du pouvoir masculin sur les femmes – pour ses propres mérites en quelque sorte, au nom d'un potentiel d'expression humaine non encore reconnu ou actualisé. Et le viol et la prostitution devront être reconnus comme les institutions entravant le plus toute expérience du coït comme liberté – comme choisi par des êtres humains à part entière disposant d'une liberté à part entière.* »

Thierry Paquot

En écho

Approches, « Irène Némirovsky », novembre 2019

Depuis la publication en 2004, à titre posthume, de *Suite française*, roman laissé inachevé, l'écrivaine a suscité tant d'écrits – louanges, polémiques et érudition entrelacées – que l'on aborde avec curiosité la dernière livraison de la revue *Approches*, coordonnée par Olivier Philipponnat, qui lui est consacrée. Elle a le mérite de dresser un utile bilan de la recherche sur l'œuvre littéraire d'Irène Némirovsky, de reprendre à nouveaux frais les querelles passées et de dévoiler, en fin d'ouvrage, plusieurs inédits. Exilée russe, ou plutôt d'Ukraine, après 1917, juive mais accusée d'antisémitisme et convertie au catholicisme début 1939, presque française, habitant cette langue mais toujours apatride car la naturalisation lui fut refusée à plusieurs reprises, et finalement rejetée hors de la communauté nationale par le statut des Juifs de 1940 : son portrait échappe difficilement au jeu incertain des appartenances et des *« identités meurtries »*. Mais on peut en brosser un autre tableau : une jeune femme vive et insouciante dans le Paris des années folles, soirs de bals et de jazz, femme de lettres à succès rompue à tous les genres d'écriture. Insaisissable donc dans ces figures multiples, jusqu'à la fin qui en construit et en fige à jamais la mémoire : Irène Némirovsky est arrêtée en juillet 1942, internée au camp de Pithiviers, déportée et assassinée à Auschwitz quelques semaines plus tard. L'ensemble des contributions réunies dans ce numéro donne corps à cette complexité et réinsère *Suite française* et la tragédie finale dans le temps long d'une biographie et dans une œuvre qui ne cesse de se réinventer, entre romans, revues, théâtre et parfois cinéma. Pluralité des formes mais aussi des langues : les traductions de ses romans contraignent désormais à penser leur réception et ses glissements à l'échelle internationale, notamment en Russie, la circulation de l'œuvre faisant écho à l'expérience migratoire de l'auteur. À cet égard, l'article de Susan Rubin Suleiman, « *David Golder* en yiddish », articule la perspective d'une œuvre repensée à l'échelle du monde et la nécessaire relecture d'une polémique ancienne : la haine de soi et le refus de la judéité feraient d'Irène Némirovsky une écrivaine paradoxalement juive et antisémite. Retour sur les termes du procès : à travers le personnage de David Golder, banquier juif *« tiré du ghetto »* et affairiste douteux, héros éponyme du roman publié en 1929, Irène Némirovsky donnerait corps aux stéréotypes antisémites. *« C'est ainsi que je les ai vus »*, répond-elle en substance, tout en récusant l'idée que D. Golder soit un archétype. D'autres figures d'*« étrangers indésirables »* hantent son œuvre, miroir sarcastique tendu à la France des années 1930 travaillée en profondeur par la xénophobie. Le cynisme, l'affairisme, l'absence de scrupules apparaissent, chez Irène Némirovsky, comme le produit de ce rejet, et parfois la seule issue possible dans un monde âpre, brutal et hostile aux étrangers. Dans ce débat, Susan Rubin Suleiman reprend une piste ouverte dans *La Question Némirovsky* en 2017 : les membres d'une minorité qui se sent vulnérable en viennent souvent à craindre *« la représentation peu flatteuse de l'un des leurs, surtout si elle est faite par quelqu'un qui appartient à cette même minorité »*, car elle pourrait toucher le groupe tout entier et ainsi couvrir *« de honte tous les autres »*, au *« risque de leur nuire »*. À cet égard, Susan Rubin Suleiman rappelle que le débat fut également vif, et presque de même nature, autour de Philip Roth et de *Goodbye Columbus*. Autres temps et autre continent, mais dans les deux cas, une colère, chez les lecteurs juifs, nourrie de leur peur d'être rejetés. Qui tenait, selon Philip Roth, en une question : *« Que vont penser les goyim ? »* Mais Susan Rubin Suleiman ouvre une autre piste d'analyse, en travaillant sur les critiques, les publications en feuilleton et les représentations théâtrales de *David Golder*, en yiddish, entre 1930 et 1939. Dans cet ensemble qui relie Varsovie à Johannesburg en passant par Buenos Aires, Riga et même Paris, au Théâtre Mayol, *David Golder* apparaît sous un jour nouveau. Le roman et la pièce éclairent certes d'une lumière crue, voire brutale, un *« recoin »* de la vie juive. Mais ce n'est rien de plus : une vie juive parmi d'autres, terriblement humaine dans ses défaillances mêmes. À travers ce premier travail de recension – le chantier lancé pour ce numéro d'*Approches* n'est pas achevé –, Susan Rubin Suleiman soumet ainsi l'argument de l'antisémitisme à rude épreuve. Elle bouleverse aussi la cartographie de *David Golder*, en esquissant l'histoire large de son appropriation par le monde yiddish, si étranger à son auteur, juste avant leur commune disparition.

Marianne Amar

Le Mouvement social, juillet-septembre 2019

D'après Patrick Fridenson, ce numéro souligne les enjeux de la communication à l'ère des nouveaux moyens numériques. Inscrits dans la *« chronologie longue »* de l'histoire sociale de la communication, *« de l'audiovisuel au numérique »*, les médias apparaissent désormais en réseau et pris dans des *« circulations multidirectionnelles »*. Le dossier analyse les métiers qui participent à la nouvelle communication qui pousse à un *« individualisme de masse »*. Comme l'indique Samuel Zarka, la transformation de certains métiers a parfois conduit à une certaine précarité et instabilité, mais elle a favorisé l'émergence d'une *« conscience collective »*. Les articles de Timothy Stoneman et de Théo Briont portent sur *« l'expansion des cultures antérieures »* (radio et télévision) qui doivent tenir face à l'*« économie de la fascination »* de certaines firmes étrangères.

Archives de sciences sociales des religions, janvier 2020

Ce hors-série sous la direction de Pierre Lassave, intitulé *Cinq vies de recherche. À la naissance des Archives*, présente, dans des monographies passionnantes, l'itinéraire intellectuel de cinq pionniers (Henri Desroche, François-André Isambert, Jacques Maître, Émile Poulat, Jean Séguy) de la sociologie des religions française, fondateurs en 1956 de la revue qui s'appelait à l'origine *Archives de sociologie des religions*. Particulièrement intéressantes, dans ces parcours intellectuels singuliers, l'évolution « spirituelle » de chercheurs tous issus de la matrice catholique, mais confrontés eux-mêmes aux très fortes turbulences du catholicisme à partir des années 1950-1960, ainsi que leurs interprétations divergentes de son déclin, qui se traduisent sinon par des ruptures bruyantes, du moins par des convictions et des orientations de travail très éloignées.

Hommes & Migrations, janvier-mars 2020

La route des réfugiés est-elle une voie sans issue ? Pour explorer les nouveaux chemins empruntés par les migrants, le dossier coordonné par Isabelle Lendrevie donne la parole à ceux (avocats, magistrats et acteurs d'ONG) qui sont chargés de les accompagner au quotidien dans leur traversée du droit. Les politiques nationales sécuritaires et répressives développées par les pays européens, ainsi que la priorité accordée à l'endiguement du terrorisme et du flot de réfugiés, apparaissent comme autant de stratégies inadaptées qui témoignent d'une *« crise politique, judiciaire et juridique »* au sein de l'Union européenne. Face aux impasses dans lesquelles les procédures juridiques établies par les pays membres conduisent les réfugiés, Isabelle Lendrevie en appelle à une véritable défense européenne de la convention de Genève de 1951 ainsi qu'à une refonte totale des politiques européennes d'accueil et de traitements des demandeurs d'asile.

Auteurs

Ghislain Benhessa
Avocat, il enseigne le droit public à l'université de Strasbourg. Il a publié *L'État de droit à l'épreuve du terrorisme* (L'Archipel, 2017).

Christopher Bickerton
Professeur de science politique à l'université de Cambridge, il est notamment l'auteur de *European Integration* (Oxford University Press, 2012).

Nathalie Bittinger
Maîtresse de conférences en études cinématographiques à l'université de Strasbourg, elle vient de diriger *Dictionnaire des cinémas chinois* (Hémisphères/Maisonneuve et Larose, 2019).

Arthur Borriello
Chargé de recherche en science politique (Fnrs-Cevipol), il a récemment publié *Quand on n'a que l'austérité* (Éditions de l'université de Bruxelles, 2019).

Vincent Duclert
Directeur d'études à l'Ehess, il vient de publier *Camus, des pays de liberté* (Stock, 2020).

Joël Hubrecht
Responsable du programme Justice pénale internationale et justice transitionnelle à l'Institut des hautes études sur la justice.

Anton Jäger
Doctorant à l'université de Cambridge, il a publié *Kleine anti-geschiedenis van het populisme* (De Geus, 2018).

Nicolas Léger
Professeur de lettres et de philosophie au lycée Victor-Hugo de Florence, il a récemment publié « Dans le cyclone numérique » (*Esprit*, septembre 2019).

Aïcha Liviana Messina
Professeure de philosophie à l'université Diego Portales au Chili, elle a notamment publié *L'Anarchie de la paix* (Éditions du Cnrs, 2018).

Georges Nivat
Professeur honoraire à l'université de Genève, il vient de publier le deuxième volume des *Sites de la mémoire russe* (Fayard, 2019).

Pierre Ostiguy
Professeur de science politique à l'université catholique de Córdoba (Argentine), il a récemment coédité le *Oxford Handbook of Populism* (Oxford University Press, 2019).

Nadia Urbinati
Professeure à l'université de Columbia, elle vient de publier *Me the People. How Populism Transforms Democracy* (Harvard University Press, 2019).

Yann Raison du Cleuziou
Maître de conférences en science politique à l'université de Bordeaux, il vient de publier *Une contre-révolution catholique* (Seuil, 2019).

esprit.presse.fr

Nicolas Clément – Du riverain au voisin

Louis Andrieu – Héros de notre temps à la 70e Berlinale

Antoine H. – Les papes entre fiction et réalité

Philippe Lemoine – La transformation exige des concepts

Ramin Jahanbegloo – George Steiner, la culture après son échec

Jean-François Bouthors – La longue marche de *Sátántangó*

•

Directrice de la publication
Anne-Lorraine Bujon

Fabrication : Transfaire Sarl, F-04250 Turriers, 04 92 55 18 14
www.transfaire.com

Création de la maquette originale et illustration de couverture : Ip-3 / Olivier Marty

Publié avec le concours du Centre national du livre

Dépôt légal mars 2020 – Commission paritaire 0722 D 81899

ISSN 0014 0759 – ISBN 978-2-37234-126-4

n° 463, avril 2020

Achevé d'imprimer en mars 2020
par Typolibris by printcorpgroup en UE

N° d'impression : 20030266

IMPRIM'VERT

Esprit est membre du réseau des revues européennes *Eurozine* (www.eurozine.com)